Keptos vištienos kulinarijos knyga

100 KLASIKINIŲ PIETIEČIŲ ĮKVĖPTI RECEPTŲ

Aidas Griškevičius

Autorių teisių medžiaga © 2023 m

Visos teisės saugomos

Be tinkamo rašytinio leidėjo ir autorių teisių savininko sutikimo ši knyga negali būti naudojama ar platinama jokiu būdu, forma ar forma, išskyrus trumpas citatas, naudojamas apžvalgoje. Ši knyga neturėtų būti laikoma medicininių, teisinių ar kitų profesionalių patarimų pakaitalu.

TURINYS

TURINYS 3
ĮVADAS 6
ALIEJIEJE KEPTA VIŠTA 7
   1. Aluje plakta vištiena 8
   2. Pasukose kepta vištiena 10
   3. Klasikinė pietietiška kepta vištiena 12
   4. Korėjietiška kepta vištiena 14
   5. Cajun kepta vištiena 16
   6. Vištiena antklode 18
   7. Troškintos citrinos Kornvalio vištos 21
   8. Česnakiniai vištienos golfo kamuoliukai 23
   9. Vištienos aukso grynuoliai 25
   10. Citrininės vištienos juostelės 27
   11. Perto kepti sparneliai 30
   12. Tobula traški kepta vištiena 32
   13. Tikra pietietiška kepta vištiena 35
   14. Pagrindinė kepta vištiena 37
   15. Orkaitėje kepta vištiena, pietvakarių stiliaus ... 39
   16. Mandarinų žievelės vištiena 41
   17. Vištiena sezamo padaže 44
   18. Kiniški išsinešimui kepti vištienos sparneliai ... 47
   19. Karaage japoniška kepta vištiena 49
   20. Paprastos keptuvėje keptos vištienos krūtinėlės 51
   21. Afrikietiškos keptos vištienos juostelės 53
   22. Pietinė kepta vištiena su padažu 55
   23. Pasukų rančoje kepta vištiena 57
ORKALYJE KEPTA VIŠTA 59
   24. Klasikinė orkaitėje kepta vištiena 60
   25. Brazilijos vištienos kroketai 62
   26. Aštri orkaitėje kepta vištiena 65
   27. Pasukų rančos orkaitėje kepta vištiena 67
   28. Citrinų žolelių orkaitėje kepta vištiena 69
   29. Orkaitėje kepta pekano vištiena 71
ORE KEPTA VIŠTA 73
   30. Oro gruzdintuvė Migdolų vištiena 74
   31. Oro gruzdintuvė Caprese įdaryta vištiena 76
   32. Oro gruzdintuvė vištiena Chimichangas 78
   33. Traškūs vištienos kotletai 80
   34. Traškios vištienos kojelės 82

35. Skanios vištienos kulšelės 85
36. Klevo vištienos šlaunelės 87
37. Parmezano vištienos kepinys 90
38. Kepti vištienos sparneliai 92
39. Azijietiškos vištienos kulšelės 94
40. Vištienos pomidorų grybai Kepti 96
41. Medumi glazūruotos vištienos kulšelės 98
42. Rozmarininės vištienos šlaunelės 100
43. Saldžios ir aštrios vištienos kulšelės 102
44. Vištienos troškinys 104
45. Balzaminė vištiena 106
46. Vištiena su daržovėmis 108
47. Aštrūs mėsos kukuliai 110
48. Skanios vištienos kulšelės 112
49. Graikiškas vištienos troškinys 114
50. Ispaniškas vištienos kepinys 116
51. Vištiena Alfredo Bake 118
52. Primavera vištiena 120
53. Sūrio vištienos kotletai 122
54. Chipotle vištiena 124
55. Brie įdarytos vištienos krūtinėlės 126
56. Traškios vištienos šlaunelės 128
57. Keptos vištienos nugarinės 130
58. Vištienos kepimas 132
59. Vištienos ir ryžių troškinys 134
60. Kepta vištiena su prieskoniais 137
61. Kvapiosios vištienos kulšelės 139
62. Sūri vištiena 141
63. Aštrios vištienos kojelės 143
64. Žolelių vištienos šlaunelės 145
65. Vištiena su pomidorais 147
66. Itališka vištienos krūtinėlė 149
67. Vištienos krūtinėlės su parmezanu 151
68. Sojoje troškinti vištienos sparneliai 153
69. Aštrios vištienos kulšelės 155
70. Saldžiarūgščios vištienos šlaunelės 157
71. Špinatų vištiena 159
72. Citrinų-laimų vištiena 161
73. Traškios vištienos kulšelės 163
74. Keptos vištienos šlaunelės 166
75. Vištienos kepsnys 168
76. Medaus garstyčių vištiena 170

77. Vištienos kabobai 172
78. Traškiai kepta vištiena 174
79. Imbierinės vištienos kulšelės 177
80. Vištienos grynuoliai 179
81. Traški sūrio vištiena 181
82. Imbierinės vištienos kulšelės 183
83. Kreminis vištienos troškinys 185
84. Ananasinė vištiena 188
85. Žolelių sviesto vištiena 190
86. Oranžinė vištiena 192
87. Cajun Roast vištienos krūtinėlė 194
88. Skanūs vištienos sparneliai 196
89. Kiniškos vištienos blauzdelės 198
90. Skanūs vištienos kąsneliai 200
91. Į šoninę apvyniotos vištienos krūtinėlės 202
92. Ore kepta vištienos filė 204
93. Skani japoniška vištiena 206
94. Vištienos paplotėliai 208
95. Marinuota rančoje kepta vištiena 210
96. Citrinų pipirų kepta vištiena 212
97. Vištienos bulvių kepinys 214

GRUPĖJIMAI 216
98. Prancūziškas Tourtiere prieskonis 217
99. Karibų karis 219
100. Cajun prieskonių mišinys 221

IŠVADA 223

ĮVADAS

Ar esate traškios, sultingos ir pikantiškos keptos vištienos gerbėjas? Neieškokite daugiau nei šis galutinis vadovas apie viską, kas yra kepta vištiena! Nuo klasikinių pietietiškų receptų iki tarptautinių posūkių – šioje kulinarijos knygoje yra viskas, ko reikia norint patobulinti keptos vištienos žaidimą. Sužinokite apie geriausius naudoti vištienos gabalėlius, įvairias tešlas ir dangą, kad pasiektumėte tobulą traškumą, ir slaptus prieskonius, kad jūsų kepta vištiena pakiltų į kitą lygį. Rasite klasikinės pietietiškos keptos vištienos, aštrios korėjietiškos keptos vištienos, ant pasukos keptos vištienos ir net be glitimo bei oro gruzdintuvų receptų. Sužavėkite savo šeimą ir draugus naujai atrastais keptos vištienos įgūdžiais ir mėgaukitės komfortu bei pasitenkinimu, kurį gali suteikti tik puikiai iškeptas vištienos gabalas. Taigi, nuvalykite dulkes nuo keptuvės ir pasiruoškite kepti skanaus!

kepta vištiena, pietietiškas, patogus maistas, sultingas, traškus, pikantiškas, pasukos, korėjietiškas, be glitimo, keptuvė ant oro, tešla, dengimas, prieskoniai, tinka šeimai, klasikinis, tarptautinis, gaminimo būdai, tobulas traškumas, slapti ingredientai, gaminimas namuose , skanus, laižomas pirštais, galutinis vadovas, receptai, įgūdžiai, pasitenkinimas, keptuvė..

ALIEJIEJE KEPTA VIŠTA

1. **Aluje plakta vištiena**

Ingridientai
- 1 ½ svaro vištienos krūtinėlės puselių be kaulų
- 1 ½ stiklinės universalių miltų
- 1 arbatinis šaukštelis kepimo miltelių
- 2 kiaušiniai, sumušti
- ½ puodelio alaus
- 1 arbatinis šaukštelis druskos
- ½ arbatinio šaukštelio kajeno pipirų
- 1 valgomasis šaukštas vasaros pikantiško
- aliejaus kepimui

Kryptys
1. Vištieną nuplaukite ir supjaustykite 1 colio juostelėmis. Vidutiniame dubenyje sumaišykite 1 puodelį miltų ir kepimo miltelius. Įmaišykite išplaktus kiaušinius ir alų, atidėkite į šalį. Likusius ½ puodelio miltų suberkite į nedidelį dubenį arba rudą popierinį maišelį, įberkite druskos, kajeno pipirų ir pikantiškų prieskonių ir suplakite, kad gerai susimaišytų.
2. Įkaitinkite aliejų olandiškoje orkaitėje arba gruzdintuvėje iki 375 ° F.
3. Sudėkite vištienos juosteles į maišelį ir gerai suplakite, kad tolygiai pasidengtų. Miltais pabarstytas juosteles panardinkite į tešlą. Kepkite po kelis įkaitintame aliejuje olandiškoje orkaitėje arba gruzdintuvėje, vieną kartą apversdami, kol danga iš abiejų pusių taps auksinės rudos spalvos, maždaug 4–5 minutes.
4. Žnyplėmis arba kiaurasamčiu išimkite juosteles iš karšto aliejaus ir iki patiekimo laikykite jas šiltas ant lėkštės orkaitėje, įjungtoje į žemiausią temperatūrą.
5. Tarnauja 4-6

2. Pasukose kepta vištiena

Ingridientai
- 2 puodeliai pasukų
- 1 ½ šaukštelio druskos
- ½ arbatinio šaukštelio šviežiai maltų juodųjų pipirų
- 3 svarai kepti vištienos gabaliukai
- 1 puodelis universalių miltų
- aliejus giliai kepti

Kryptys
1. Pasukas sumaišykite su puse druskos ir pipirų. Įdėkite vištieną į plastikinį Ziploc maišelį ir mišiniu užpilkite vištienos gabalėlius, visus gabalėlius apverskite, kad gerai pasidengtų, ir per naktį šaldykite.
2. Įkaitinkite aliejų olandiškoje orkaitėje arba gruzdintuvėje iki 365 ° F.
3. Vidutiniame dubenyje sumaišykite miltus ir kitą pusę druskos ir pipirų. Iš vištienos gabalėlių nusausinkite marinatą ir naudodami popierinį maišelį arba negilų indą, aptepkite vištienos gabalėlius miltų mišinyje, nukratykite perteklių ir gabalėlius išdėliokite vienu sluoksniu ant vaškuoto popieriaus lapo.
4. Vištienos gabalėlius atsargiai suberkite į karštą aliejų ir kepkite 5–7 minutes uždengę dangtį. Nuimkite dangtį, apverskite vištieną ir kepkite gabalėlius dar 5–7 minutes. Nuimkite dangtį ir kepkite dar 8–10 minučių, kol odelė taps traški.
5. Vištienos gabalėlius išimkite žnyplėmis ir nusausinkite ant popierinių rankšluosčių. Patiekite iš karto ant įkaitintos lėkštės.
6. Tarnauja 4-6

3. **Klasikinė pietietiška kepta vištiena**

Ingridientai:
2 svarai. vištienos gabaliukai
1 puodelis universalių miltų
1 šaukštelis druskos
1 šaukštelis juodųjų pipirų
1 šaukštelis paprika
1 šaukštelis česnako miltelių
1 šaukštelis svogūnų miltelių
1/2 šaukštelio kajeno pipirų
2 kiaušiniai
1/4 stiklinės pieno
Augalinis aliejus kepimui

Nurodymai:
Vištienos gabaliukus nuplaukite ir nusausinkite.
Sekliame inde sumaišykite miltus, druską, pipirus, papriką, česnako miltelius, svogūnų miltelius ir kajeno pipirus.
Atskirame dubenyje suplakite kiaušinius ir pieną.
Kiekvieną vištienos gabalėlį panardinkite į kiaušinių mišinį, o po to į miltų mišinį, tolygiai padenkite.
Įkaitinkite 1 colią aliejaus gilioje keptuvėje arba olandiškoje orkaitėje iki 350 ° F (175 ° C).
Kepkite vištieną dalimis 12–15 minučių arba iki auksinės rudos spalvos ir iškeps.
Nusausinkite ant grotelių arba popierinių rankšluosčių.

4. Korėjietiška kepta vištiena

Ingridientai:
2 svarai. vištienos sparneliai arba būgneliai
1/2 puodelio kukurūzų krakmolo
1/2 puodelio universalių miltų
1 šaukštelis druskos
1/2 šaukštelio juodųjų pipirų
1/2 šaukštelio česnako miltelių
1/2 šaukštelio svogūnų miltelių
1/2 šaukštelio paprikos
1/4 šaukštelio kajeno pipirų
Augalinis aliejus kepimui
1/4 puodelio gochujang (korėjietiškos čili pastos)
2 šaukštai sojos padažo
2 šaukštai medaus
2 šaukštai ryžių acto
2 skiltelės česnako, susmulkintos
1 šaukštelis sezamo aliejaus
1 šaukštelis sezamo sėklų, papuošimui
2 žalieji svogūnai, supjaustyti, papuošimui

Nurodymai:

Nuplaukite vištienos sparnelius ar būgnus ir nusausinkite.

Sekliame inde sumaišykite kukurūzų krakmolą, miltus, druską, juoduosius pipirus, česnako miltelius, svogūnų miltelius, papriką ir kajeno pipirus.

Atskirame dubenyje suplakite gochujang, sojos padažą, medų, ryžių actą, maltą česnaką ir sezamo aliejų.

Įkaitinkite 1 colią aliejaus gilioje keptuvėje arba olandiškoje orkaitėje iki 350 ° F (175 ° C).

Kiekvieną vištienos gabalėlį apibarstykite miltų mišiniu, nuplakdami perteklių.

Kepkite vištieną dalimis 10–12 minučių arba iki auksinės rudos spalvos ir iškeps.

Įmeskite vištieną į gochujang mišinį, kol gerai apskrus.

Papuoškite sezamo sėklomis ir žaliais svogūnais.

5. Cajun kepta vištiena

Ingridientai:

2 svarai vištienos gabalėlių
1 puodelis universalių miltų
1 valgomasis šaukštas Cajun prieskonių
1 šaukštelis druskos
1/2 šaukštelio juodųjų pipirų
1/2 šaukštelio česnako miltelių
1/2 šaukštelio svogūnų miltelių
1/4 šaukštelio kajeno pipirų
1 puodelis pasukų
Aliejus kepimui
Instrukcijos:

Sekliame inde sumaišykite miltus, Cajun prieskonius, druską, juoduosius pipirus, česnako miltelius, svogūnų miltelius ir kajeno pipirus.
Į kitą negilų indą supilkite pasukas.
3. Kiekvieną vištienos gabalėlį panardinkite į pasukas, tada suberkite į miltų mišinį ir įsitikinkite, kad jis tolygiai padengtas.
Gilioje keptuvėje ant vidutinės-stiprios ugnies įkaitinkite aliejų.
Kepkite vištienos gabalėlius 15-20 minučių arba tol, kol vištiena taps auksinės rudos spalvos ir iškeps.

6. Vištiena antklode

Ingridientai
- Į pergamentą suvyniota vištiena
- 4 laiškiniai svogūnai, tik žalios viršūnės
- 2 didelės vištienos krūtinėlės
- 4 arbatiniai šaukšteliai malto imbiero
- 2 arbatinius šaukštelius ryžių vyno
- 2 arbatinius šaukštelius sojos padažo
- 1 arbatinis šaukštelis druskos
- ¼ arbatinio šaukštelio baltųjų pipirų
- 1 arbatinis šaukštelis cukraus
- 2 arbatinius šaukštelius aliejaus
- 1 puodelis teriyaki arba hoisin padažo, panardinimui
- 24 kvadratų pergamentinis popierius
- aliejus giliai kepti

Kryptys
1. Svogūnus susmulkinkite išilgai ir supjaustykite 1,5 colio ilgio, o vištienos krūtinėlę supjaustykite ½ colio pločio ir 1,5 colio ilgio juostelėmis.
2. Šviežią, susmulkintą imbierą suberkite į česnako spaudą ir išspauskite 1 arbatinį šaukštelį imbiero sulčių. Vidutiniame dubenyje sumaišykite imbiero sultis su vynu, svogūnais, sojos padažu, druska, pipirais ir cukrumi, kad gautumėte marinatą vištienos juostelėms. Leiskite vištienai marinuotis kambario temperatūroje uždengtame inde mažiausiai 30 minučių.
3. Padėkite pergamento kvadratą priešais save, vieną kampą į save. Popieriaus centrą įtrinkite šiek tiek aliejaus ir ant popieriaus horizontaliai, gerokai žemiau kampuoto kvadrato centro, uždėkite 1 valgomojo šaukšto dydžio vištienos gabalėlį ir šiek tiek laiškinio svogūno.
4. Sulenkite apatinį kampą aukštyn, kad uždengtumėte mėsą, tada užlenkite kairįjį kampą į dešinę ir dešinįjį į kairę, kad sudarytumėte nedidelį voką. Sulenkite viršutinį kampą žemyn ir saugiai įkiškite. Pakartokite naudodami visus pergamentinio

popieriaus kvadratėlius, naudodami likusią vištienos dalį ir laiškinius svogūnus.
5. Gilioje keptuvėje įkaitinkite aliejų iki 375 ° F.
6. Kepkite 2 arba 3 vokus vienu metu karštame aliejuje po 1 minutę iš kiekvienos pusės. Išimkite juos kiaurasamčiu arba mentele ir nusausinkite ant popierinių rankšluosčių.
7. Patiekite juos su teriyaki arba hoisin padažu ant šono, kad pamirkytumėte. Kiekvienas žmogus gauna du ar tris vokus, dedamus į lėkštę, ir kiekvienas atplėšia vokus, kai prasideda valgis.
8. Patiekiama 10-12 val

7. Troškintos citrinos Kornvalio vištos

Ingridientai
- 2 1 ½ svaro Kornvalio žvėrienos vištos
- ¼ puodelio šviežių rozmarinų lapų
- 2 šaukštai citrinpipirų
- 2 šaukštai džiovintos citrinos žievelės granulių
- 1 arbatinis šaukštelis česnako miltelių
- 2 arbatinius šaukštelius druskos
- aliejus giliai kepti
- citrinos skilteles patiekimui

Kryptys
1. Nuplaukite, nuvalykite ir nusausinkite medžiojamąsias vištas, paglostydami jas iš vidaus ir išorės popieriniu rankšluosčiu.
2. Nedideliame dubenyje sumaišykite rozmariną, citrinpipirus, citrinos žievelės granules, česnaką ir druską. Pusę mišinio palikite ir atidėkite. Kitą pusę įtrinkite į vištas, pabarstykite ir jas viduje. Leiskite jiems pastovėti uždengtus kambario temperatūroje 1 valandą.
3. Įkaitinkite aliejų gruzdintuvėje arba olandiškoje orkaitėje iki 375 ° F. Atsargiai įdėkite Kornvalio vištas į karštą aliejų ir kepkite iki auksinės rudos spalvos maždaug 12 minučių.
4. Norėdami patikrinti, ar jis iškeptas, atsargiai išimkite vištą iš puodo naudodami kiaurasamtį arba žnyplę ir į storiausią šlaunies vietą įkiškite momentinio nuskaitymo termometrą, neliesdami kaulo – jis turėtų rodyti 180 °F.
5. Perkelkite vištas ant grotelių ir palikite 5 minutes uždengtoms pailsėti. Patiekite juos nesmulkintus arba pjaustytuvu perpjaukite juos per pusę. Kiekvieną vištą apibarstykite skirtu prieskonių/žolių mišiniu ir patiekite.
6. Patiekiama 2–4

8. Česnakiniai vištienos golfo kamuoliukai

Ingridientai
- 2 svarai maltos vištienos (arba kiaulienos)
- ½ arbatinio šaukštelio citrusinių pipirų
- ½ arbatinio šaukštelio druskos
- ½ arbatinio šaukštelio paukštienos prieskonių
- 2 šaukštai kukurūzų krakmolo
- 2 šaukštai sojos padažo
- 3 KIAUŠINIŲ BALTAI:
- ½ arbatinio šaukštelio šviežiai tarkuoto imbiero
- 2 šaukštai Marsala vyno (arba naudokite mėgstamą šerio)
- 4 skiltelės česnako, susmulkintos

Tešla:
- 1 puodelis kukurūzų krakmolo
- 1 puodelis miltų
- aliejus giliai kepti

Kryptys
1. Olandiškoje orkaitėje arba giliame puode įkaitinkite aliejų iki 375 °F.
2. Dideliame dubenyje kruopščiai sumaišykite vištieną su pipirais, druska, paukštienos prieskoniais ir kiaušinių baltymais. Palikite mišinį 10 minučių, uždengę plastiku. Iš vištienos mišinio rankomis suformuokite golfo kamuoliuko dydžio kamuoliukus ir padėkite juos ant vaškuoto popieriaus arba aliuminio folijos.
3. Kukurūzų krakmolą sumaišykite su miltais ir kiekvieną rutuliuką apvoliokite šiame mišinyje, kad tolygiai pasidengtų.
4. Įdėkite rutuliukus į aliejų ir kepkite, kol jie plauks ir taps auksinės rudos spalvos, maždaug 5 minutes. Išimkite kiaurasamčiu ir nusausinkite ant popierinių rankšluosčių. Patiekite šiltą.
5. Tarnauja 8

9. Vištienos aukso grynuoliai

Ingridientai
- ½ stiklinės miltų
- 1 ½ šaukštelio česnakinės druskos
- 1 arbatinis šaukštelis paprikos
- 1 arbatinis šaukštelis šalavijų
- 1 arbatinis šaukštelis svogūnų miltelių
- ½ arbatinio šaukštelio baltųjų pipirų
- ½ arbatinio šaukštelio paukštienos prieskonių
- ½ puodelio vandens
- 1 kiaušinis, lengvai paplaktas
- 3 sveikos vištienos krūtineles be kaulų, nuluptos ir supjaustytos 1,5 colio x 1,5 colio grynuoliais
- aliejus giliai kepti
- 1 krūva šviežių petražolių papuošimui
- tarkuoto parmezano sūrio papuošimui
- paprika papuošimui

Kryptys
1. Įkaitinkite aliejų iki 375 ° F gruzdintuvėje.
2. Vidutinio dydžio stikliniame dubenyje sumaišykite miltus ir prieskonius, įpilkite vandens ir kiaušinio ir gerai išmaišykite, kad gautumėte vientisą tešlą.
3. Vištienos gabaliukus panardinkite į tešlą, leiskite pertekliui nuvarvėti. Po 3–4 gabalėlius įdėkite į karštą aliejų ir kepkite iki traškumo – maždaug 2–4 minutes. Nusausinkite grynuolius ant popierinių rankšluosčių, tada perkelkite vištieną į šiltą lėkštę, papuoštą šviežiomis petražolėmis. Pabarstykite tarkuotu parmezano sūriu ir paprika ir patiekite.
4. Tarnauja 6

10. Citrininės vištienos juostelės

Ingridientai
- 2 svarai vištienos krūtinėlės be kaulų

Tešla:
- ½ stiklinės miltų
- ½ puodelio kukurūzų krakmolo
- ¼ arbatinio šaukštelio česnakinės druskos
- ½ arbatinio šaukštelio dvigubo veikimo kepimo miltelių
- ½ arbatinio šaukštelio augalinio aliejaus

Padažas:
- 2 didelės citrinos
- 3 šaukštai rudojo cukraus
- ½ puodelio baltojo vyno
- 1 arbatinis šaukštelis kukurūzų krakmolo
- 2 arbatinius šaukštelius vandens
- petražolių šakelių papuošimui
- aliejus giliai kepti

Kryptys
1. Olandiškoje orkaitėje arba giliame puode įkaitinkite aliejų iki 350°F.
2. Vištienos krūtinėlę be kaulų supjaustykite maždaug 3 colių ilgio ir ½ colio pločio juostelėmis. Įdėkite juos į negilų dubenį, uždenkite plastikine plėvele ir atidėkite.
3. Vidutiniame dubenyje dideliu šaukštu sumaišykite miltus, kukurūzų krakmolą, kepimo miltelius, druską ir aliejų ir išmaišykite iki vientisos masės.
4. Vieną citriną supjaustykite ¼ colio griežinėliais ir atidėkite. Išspauskite sultis iš antrosios citrinos į nedidelį dubenį, supilkite cukrų ir baltąjį vyną ir gerai išmaišykite. Atidėti.
5. Mažame puodelyje sumaišykite kukurūzų krakmolą ir 2 arbatinius šaukštelius vandens. Maišykite, kad visiškai susimaišytų. Atidėti.
6. Kiekvieną vištienos gabalėlį pamerkite į tešlą ir leiskite pertekliui nuvarvėti atgal į dubenį.

7. Kepkite vištieną nedidelėmis 10–12 gabalėlių partijomis. Vištienos juostelės turi gražiai paruduoti per 4–5 minutes. Įsitikinkite, kad jie nesuliptų.
8. Iš aliejaus išimkite paruoštas juosteles kiaurasamčiu ir nusausinkite ant popierinių rankšluosčių.
9. Paruoškite citrinų padažą supildami citrinos-cukraus-vyno mišinį į nedidelį puodą ir užvirdami ant stiprios ugnies. Įpilkite kukurūzų krakmolo-vandens mišinio ir maišykite, kol mišinys sutirštės.
10. Nusausintus vištienos gabalėlius dėkite į spalvingą lėkštę, papuošimui suberkite citrinos griežinėlius, pabarstykite petražolėmis. Prie šono patiekite citrinų padažą.
11. Patiekiama 2–4

11. Perto kepti sparneliai

Ingridientai
- 16 vištienos sparnelių
- 8 šaukštai sojos padažo
- 7 šaukštai austrių padažo
- 8 šaukštai saldaus šerio
- 3 šaukštai laimo sulčių
- druskos ir pipirų pagal skonį
- 1 puodelis universalių miltų
- 1 puodelis kukurūzų miltų
- aliejus giliai kepti

Kryptys
1. Įkaitinkite gruzdintuvą iki 375 ° F.
2. Vištienos sparnelius sudėkite į neakytas stiklinį indą, plastikinį Ziploc maišelį arba nerūdijančio plieno dubenį. Naudodami peilį, sparneliais padarykite skylutes, kad marinatas prasiskverbtų į mėsą.
3. Nedideliame dubenyje sumaišykite sojų padažą, austrių padažą, cheresą, laimo sultis, druską, pipirus ir mišiniu užpilkite vištieną. Uždenkite indą arba uždarykite maišelį ir šaldykite 12–24 valandas.
4. Vištieną išimkite iš marinato, likusį marinatą išmeskite. Sumaišykite miltus negiliame inde arba dubenyje ir įmeskite sparnelius į šį mišinį, kol iš visų pusių gerai pasidengs.
5. Gilioje keptuvėje įkaitinkite aliejų. Kepkite sparnelius, kol jie taps traškūs, iškeps ir išsiskirs sultys, maždaug 4–5 minutes.
6. Nusausinkite ant popierinių rankšluosčių ir patiekite.
7. Tarnauja 8

12. Tobula traški kepta vištiena

Išeiga: 3 porcijos

Ingridientai
- 3 vidutiniai (tušti) vištienos kojos ketvirčiai, supjaustyti šlaunelėmis ir kulšelėmis
- 2 puodeliai pasukų arba pagal poreikį apsemti
- ¾ puodelio universalių miltų
- ¼ puodelio kukurūzų miltų
- 1 arbatinis šaukštelis granuliuoto svogūno
- 1 arbatinis šaukštelis granuliuoto česnako
- 1 arbatinis šaukštelis maltų čiobrelių
- 1 valgomasis šaukštas druskos
- ½ arbatinio šaukštelio paprikos
- ¼ arbatinio šaukštelio mononatrio glutamato (MSG)
- ¼ arbatinio šaukštelio kepimo miltelių
- ⅛ arbatinio šaukštelio kajeno pipirų
- 4 dideli baltymai baltymai, išplakti iki putų
- 2 puodeliai augalinio aliejaus kepimui

Kryptys

a) Vištienos blauzdeles ir šlaunis sudėkite į dubenį ir užpilkite vištieną tiek pasukų, kad apsemtų. Uždenkite ir šaldykite 12–24 valandas.
b) Dideliame plačiame dubenyje sumaišykite miltus, kukurūzų miltus, granuliuotą svogūną, granuliuotą česnaką, čiobrelius, druską, papriką, mononatrio glutamatą, kepimo miltelius ir kajeno pipirus.
c) Išimkite vištieną iš pasukų ir nukratykite perteklių. Išmeskite pasukas.
d) Išdžiovinkite vištieną popieriniais rankšluosčiais.
e) Vištieną panardinkite į kiaušinių baltymus ir įspauskite į miltų mišinį. Apdengtą vištieną leiskite pailsėti ant grotelių 20–30 minučių.
f) Į ketaus keptuvę arba gruzdintuvą įpilkite maždaug 1/3 augalinio aliejaus. Įkaitinkite iki 350 laipsnių F (175 laipsnių C).
g) Įkaitinkite orkaitę iki 250 laipsnių F (120 laipsnių C).
h) Kepkite vištieną karštame aliejuje partijomis iki auksinės rudos spalvos, o centre nebebus rausvos, 8–10 minučių kiekvienoje pusėje. Šlauneles gali kepti ilgiau nei blauzdeles. Iškeptą vištieną perkelkite ant grotelių arba popieriniu rankšluosčiu iškloto padėklo, kad nuvarvėtų.
i) Kepant likusius gabalus, vištieną laikykite šiltai įkaitintoje orkaitėje.

13. Tikra pietietiška kepta vištiena

Porcija: 4 porcijos

Ingridientai
- 3 puodeliai pasukų, padalinti
- 3 arbatiniai šaukšteliai košerinės druskos, padalinti
- 1 arbatinis šaukštelis stambiai maltų pipirų, padalintas
- 1 viščiukas broileris / gruzdintuvė (3–4 svarai), supjaustytas
- Aliejus, skirtas kepti riebaluose
- 2 puodeliai universalių miltų
- 1 arbatinis šaukštelis svogūnų miltelių
- 1 arbatinis šaukštelis česnako miltelių
- 1 arbatinis šaukštelis paprikos

Kryptis
a) Išplakti 1/8 arb. pipirų, 1 arb. druska ir 2 puodeliai pasukų kartu negiliame dubenyje. Įdėkite vištieną, tada pasukite į kailį; uždengę laikykite šaldytuve per naktį.
b) Įkaitinkite aliejų iki 375 ° gruzdintuvėje arba elektrinėje keptuvėje. Tuo tarpu likusias pasukas sudėkite į negilų dubenį. Kitame sekliame dubenyje sumaišykite likusius pipirus ir druską, papriką, česnako miltelius, svogūnų miltelius ir miltus.
c) Antram apkepo sluoksniui įdėkite 1/2 miltų mišinio į atskirą negilų dubenį. Nusausinkite vištieną, išmeskite marinatą, tada nusausinkite vištieną; panardinkite į miltų mišinį, kol pasidengs iš abiejų pusių, tada nukratykite perteklių.
d) Pamerkite į pasukas; leiskite perteklíui nutekėti. Pamerkite vištieną į likusią miltų mišinį, kad apkeptumėte antrąjį sluoksnį, paglostykite, kad danga priliptų.
e) Kepkite vištieną po kelis gabalėlius, kol išsiskirs sultys ir paruduos vištiena, maždaug 4-5 minutes iš kiekvienos pusės; padėkite ant popierinių rankšluosčių, kad nuvarvėtų.

14. Pagrindinė kepta vištiena

Gamina: 4

INGRIDIENTAI:
- ⅓ puodelio miltų
- 1 arbatinis šaukštelis druskos arba pagal skonį
- ¼ arbatinio šaukštelio maltų pipirų arba pagal skonį
- 1 vištiena supjaustyta porcijomis
- ½ puodelio daržovių patrumpinimo

INSTRUKCIJOS:
a) Dideliame plastikiniame maišelyje sumaišykite miltus su druska ir pipirais. Suplakite vištieną maišelyje su mišiniu. Didelėje, gilioje keptuvėje ant vidutinės ugnies ištirpinkite sutrumpinimą.
b) Kepkite vištieną neuždengtą, kaitinkite 20–30 minučių iš kiekvienos pusės arba kol iškeps.

15. Orkaitėje kepta vištiena, pietvakarių stiliaus

INGRIDIENTAI:
- 1 vištiena, supjaustyta porcijomis
- 1 puodelis pasukų
- ¾ arbatinio šaukštelio Tabasco, neprivaloma
- Augalinis aliejus kepimui
- ½ stiklinės miltų
- ½ puodelio kukurūzų miltų
- 1 arbatinis šaukštelis druskos
- ¾ arbatinio šaukštelio čili miltelių
- ¼ arbatinio šaukštelio maltų pipirų

INSTRUKCIJOS:
a) Įdėkite vištieną į didelį dubenį. Pabarstykite Tabasco.
b) Ant viršaus užpilkite pasukų ir palikite marinuotis 10–15 minučių. Įkaitinkite orkaitę iki 425oF. Į storos kepimo skardos dugną įpilkite ½ colio aliejaus, kad būtų galima laikyti vištieną be susigrūdimo. Įdėkite keptuvę į orkaitę, kad įkaistų 10 minučių.
c) Plastikiniame maišelyje sumaišykite likusius ingredientus. Vištieną sukrėskite į pagardintus miltus. Po vieną išimkite gabalėlius ir greitai įdėkite į karštą aliejų. Pašaukite į orkaitę ir kepkite 20 minučių. Apverskite ir kepkite 10–15 minučių ilgiau arba tol, kol vištiena iškeps.
d) Vištieną nusausinkite ant suglamžytų popierinių rankšluosčių.

16. Mandarino žievelės vištiena

INGRIDIENTAI:

- 3 dideli kiaušinių baltymai
- 2 šaukštai kukurūzų krakmolo
- 1½ šaukšto šviesaus sojų padažo, padalinta
- ¼ arbatinio šaukštelio maltų baltųjų pipirų
- ¾ svaro vištienos šlaunelių be kaulų, be odos, supjaustytų kąsnio dydžio gabalėliais
- 3 puodeliai augalinio aliejaus
- 4 nuluptos šviežio imbiero griežinėliai, kurių kiekviena yra maždaug ketvirčio dydžio
- 1 arbatinis šaukštelis Sičuano pipirų, šiek tiek susmulkintų
- Košerinė druska
- ½ geltonojo svogūno, plonai supjaustyto ¼ colio pločio juostelėmis
- 1 mandarino žievelė, susmulkinta ⅛ colio storio juostelėmis
- 2 mandarinų sultys (apie ½ puodelio)
- 2 arbatinius šaukštelius sezamo aliejaus
- ½ arbatinio šaukštelio ryžių acto
- Šviesiai rudas cukrus
- 2 laiškiniai svogūnai, plonais griežinėliais, papuošimui
- 1 valgomasis šaukštas sezamo sėklų, papuošimui

INSTRUKCIJOS:

a) Maišymo dubenyje šakute ar šluotele išplakite kiaušinių baltymus iki putų ir tol, kol suputos standesni gumuliukai. Įmaišykite kukurūzų krakmolą, 2 arbatinius šaukštelius šviesios sojos ir baltųjų pipirų, kol gerai susimaišys. Įdėkite vištieną ir marinuokite 10 minučių.

b) Supilkite aliejų į wok keptuvę; aliejus turi būti maždaug 1–1½ colio gylio. Įkaitinkite aliejų iki 375 ° F ant vidutinės ir stiprios ugnies. Galite suprasti, kad aliejus yra tinkamos temperatūros, kai įmerkite medinio šaukšto galą į aliejų. Jei aliejus burbuliuoja ir šnypščia aplink jį, aliejus yra paruoštas.

c) Naudodami kiaurasamtį arba wok skimerį iškelkite vištieną iš marinato ir nukratykite perteklių. Atsargiai nuleiskite į karštą aliejų. Kepkite vištieną dalimis 3–4 minutes arba tol, kol vištiena taps auksinės rudos spalvos ir traški paviršiuje. Perkelkite į popieriniu rankšluosčiu išklotą lėkštę.

d) Iš wok keptuvės išpilkite visą aliejų, išskyrus 1 šaukštą, ir padėkite ant vidutinės-stiprios ugnies. Supilkite aliejų, kad padengtumėte wok pagrindą. Pagardinkite aliejų, įberdami imbiero, pipirų žirnelių ir žiupsnelį druskos. Leiskite imbierui ir pipirų žirneliais čirškėti aliejuje apie 30 sekundžių, švelniai sukdami.

e) Sudėkite svogūną ir pakepinkite maišydami, mėtydami ir apversdami wok mentele 2–3 minutes arba tol, kol svogūnas taps minkštas ir skaidrus. Suberkite mandarino žievelę ir maišydami pakepinkite dar minutę arba iki kvapnios.

f) Įpilkite mandarinų sulčių, sezamo aliejaus, acto ir žiupsnelį rudojo cukraus. Padažą užvirinkite ir troškinkite apie 6 minutes, kol sumažės per pusę. Jis turėtų būti sirupo pavidalo ir labai aštrus. Paragaukite ir, jei reikia, įberkite žiupsnelį druskos.

g) Išjunkite ugnį ir sudėkite keptą vištieną, išmaišykite, kad pasidengtų padažu. Perkelkite vištieną į lėkštę, išmeskite imbierą ir papuoškite griežinėliais supjaustytais laiškiniais svogūnais ir sezamo sėklomis. Patiekite karštą.

17. Vištiena sezamo padaže

INGRIDIENTAI:
- 3 dideli kiaušinių baltymai
- 3 šaukštai kukurūzų krakmolo, padalinti
- 1½ šaukšto šviesaus sojų padažo, padalinta
- 1 svaras vištienos šlaunelių be kaulų, be odos, supjaustytų kąsnio dydžio gabalėliais
- 3 puodeliai augalinio aliejaus
- 3 nuluptos šviežio imbiero griežinėliai, kurių kiekviena yra maždaug ketvirčio dydžio
- Košerinė druska
- Raudonųjų pipirų dribsniai
- 3 česnako skiltelės, stambiai supjaustytos
- ¼ puodelio mažai natrio turinčio vištienos sultinio
- 2 šaukštai sezamo aliejaus
- 2 laiškiniai svogūnai, plonais griežinėliais, papuošimui
- 1 valgomasis šaukštas sezamo sėklų, papuošimui

INSTRUKCIJOS:

a) Maišymo dubenyje šakute ar šluotele išplakite kiaušinių baltymus iki putų, o standesni kiaušinio baltymo gumulėliai supustos. Sumaišykite 2 šaukštus kukurūzų krakmolo ir 2 arbatinius šaukštelius šviesios sojos, kol gerai susimaišys. Įdėkite vištieną ir marinuokite 10 minučių.

b) Supilkite aliejų į wok keptuvę; aliejus turi būti maždaug 1–1½ colio gylio. Įkaitinkite aliejų iki 375 ° F ant vidutinės ir stiprios ugnies. Galite suprasti, kad aliejus yra tinkamos temperatūros, kai įmerkite medinio šaukšto galą į aliejų. Jei aliejus burbuliuoja ir šnypščia aplink jį, aliejus yra paruoštas.

c) Naudodami kiaurasamtį arba wok skimerį iškelkite vištieną iš marinato ir nukratykite perteklių. Atsargiai nuleiskite į karštą aliejų. Kepkite vištieną dalimis 3–4 minutes arba tol, kol vištiena taps auksinės rudos spalvos ir traški paviršiuje. Perkelkite į popieriniu rankšluosčiu išklotą lėkštę.

d) Iš wok keptuvės išpilkite visą aliejų, išskyrus 1 šaukštą, ir padėkite ant vidutinės-stiprios ugnies. Supilkite aliejų, kad padengtumėte wok pagrindą. Pagardinkite aliejų, įberdami imbiero ir žiupsnelį druskos bei raudonųjų pipirų dribsnių. Leiskite imbiero ir pipirų dribsniams čirškėti aliejuje apie 30 sekundžių, švelniai sukdami.

e) Sudėkite česnaką ir pakepinkite maišydami, 30 sekundžių vartydami wok mentele. Įmaišykite vištienos sultinį, likusius 2½ arbatinius šaukštelius šviesios sojos ir likusį 1 šaukštą kukurūzų krakmolo. Troškinkite 4–5 minutes, kol padažas sutirštės ir taps blizgus. Įpilkite sezamo aliejaus ir išmaišykite, kad susimaišytų.

f) Išjunkite ugnį ir sudėkite keptą vištieną, išmaišykite, kad pasidengtų padažu. Išimkite imbierą ir išmeskite. Perkelkite į lėkštę ir papuoškite griežinėliais supjaustytais svogūnais ir sezamo sėklomis.

18. Kiniški išsinešimui kepti vištienos sparneliai

INGRIDIENTAI:
- 10 sveikų vištienos sparnelių, nuplauti ir nusausinti
- ⅛ šaukštelio juodųjų pipirų
- ¼ arbatinio šaukštelio baltųjų pipirų
- ¼ arbatinio šaukštelio česnako miltelių
- 1 arbatinis šaukštelis druskos
- ½ arbatinio šaukštelio cukraus
- 1 valgomasis šaukštas sojos padažo
- 1 valgomasis šaukštas Shaoxing vyno
- 1 arbatinis šaukštelis sezamo aliejaus
- 1 kiaušinis
- 1 valgomasis šaukštas kukurūzų krakmolo
- 2 šaukštai miltų
- aliejaus, kepimui

INSTRUKCIJOS:

a) Sumaišykite visus ingredientus (žinoma, išskyrus kepimo aliejų) dideliame dubenyje. Viską maišykite, kol sparneliai gerai pasidengs.

b) Norėdami gauti geriausius rezultatus, leiskite sparnelius marinuoti 2 valandas kambario temperatūroje arba per naktį šaldytuve.

c) Jei po marinavimo atrodo, kad sparneliuose yra skysčio, būtinai dar kartą juos gerai išmaišykite. Sparnai turi būti gerai padengti plona, panašia į tešlą. Jei jis vis dar atrodo per vandeningas, įpilkite šiek tiek daugiau kukurūzų krakmolo ir miltų.

d) Užpildykite vidutinį puodą maždaug ⅔ aukštyn aliejumi ir įkaitinkite iki 325 laipsnių F.

e) Kepkite sparnelius nedidelėmis porcijomis 5 minutes ir iškelkite į skardą, išklotą popieriniais rankšluosčiais. Kai visi sparneliai apkeps, dalimis grąžinkite juos į aliejų ir vėl kepkite 3 minutes.

f) Nusausinkite ant popierinių rankšluosčių ar vėsinimo grotelių ir patiekite su karštu padažu!

19. Karaage japoniška kepta vištiena

Patiekimas: 6

Ingridientai:

- Sojos padažas, trys šaukštai
- Vištienos šlaunelės be kaulų, vienas svaras
- Sake, vienas valgomasis šaukštas
- Gėlių ir imbiero pasta, vienas arbatinis šaukštelis
- Katakuriko bulvių krakmolas, ketvirtadalis puodelio
- Japoniško majonezo pagal poreikį
- Kepimo aliejus, pagal poreikį

Kryptys:

a) Vištieną supjaustykite kąsnio dydžio gabalėliais.

b) Į dubenį sudėkite imbierą, česnaką, sojos padažą ir kepimo sake ir maišykite, kol susimaišys.

c) Sudėkite vištieną, gerai uždenkite ir palikite marinuotis dvidešimt minučių.

d) Iš vištienos nupilkite skysčio perteklių ir įpilkite katakuriko bulvių krakmolo. Maišykite, kol gabalai bus visiškai padengti.

e) Keptuvėje įkaitinkite šiek tiek kepimo aliejaus iki maždaug 180 laipsnių ir išbandykite temperatūrą įberdami miltų.

f) Kepkite po kelis gabalėlius kelias minutes, kol jie taps giliai auksinės rudos spalvos, tada išimkite ir leiskite nuvarvėti ant grotelių arba virtuvinio ritinėlio.

g) Patiekite karštą arba šaltą su citrinos griežinėliais ir japoniško majonezo įspaudu.

20. Paprastos keptuvėje keptos vištienos krūtinėlės

porcijos: 4 (kiekviena 8,7 uncijos)

Ingridientai:
- 8 vištienos krūtinėlės pusės
- ½ arbatinio šaukštelio pipirų arba pagal skonį
- 4 arbatiniai šaukšteliai tarkuoto parmezano sūrio (nebūtina)
- ½ arbatinio šaukštelio košerinės druskos arba pagal skonį
- ½ šaukšto alyvuogių aliejaus

Kryptys:

a) Vištienos paruošimas Ant stalviršio uždėkite plastikinės plėvelės lakštą ir įdėkite vištienos. Uždenkite kitu plastikinės plėvelės lakštu ir sutrinkite mėsos plaktuku, kol vištiena tolygiai išsilygins.

b) Vištieną pagardinkite druska ir pipirais. Leiskite jam pailsėti 15-20 minučių.

c) Įdėkite ketaus keptuvę ant stiprios ugnies – įdėkite vištieną į keptuvę. Leiskite virti 2–3 minutes neuždengtas, kol pasidarys auksinės rudos spalvos ir išsiskirs riebalai. Apverskite šonus ir kepkite dar 2-3 minutes. Nuimkite keptuvę nuo ugnies.

d) Jei naudojate, ant viršaus pabarstykite parmezano sūrį. Nustatykite orkaitę kepti ir įkaitinkite.

e) Įdėkite keptuvę į orkaitę ir kepkite, kol sūris išsilydys. Patiekite karštą.

21. Afrikietiškos keptos vištienos juostelės

Ingridientai:
- 2 svarai vištienos krūtinėlės juostelės be kaulų
- 1-1/2 arbatinio šaukštelio paprikos
- 1 arbatinis šaukštelis druskos
- 1 arbatinis šaukštelis pipirų
- 1-1/2 stiklinės miltų
- 1-2 kiaušiniai, išplakti
- 1/2 stiklinės pieno
- 2 puodeliai augalinio aliejaus

NURODYMAI:
1. Įdėkite vištieną į didelį dubenį. Žalias vištienos juosteles pagardinkite paprika, pipirais ir druska.
2. Vištieną įdėkite į maišelį (popierinį arba plastikinį) su puse miltų ir pakratykite, kad pasidengtų.
3. Dubenyje išplakti kiaušinius. Išimkite vištienos juosteles iš maišelio. Miltais pabarstytas vištienos juosteles pamerkite į kiaušinį. Išimkite ir vėl įdėkite juosteles į miltus. Išimkite vištienos gabaliukus iš maišelio ir iškratykite papildomus miltus.
4. Leiskite vištienos juostelėms keletą minučių pailsėti, kad danga galėtų prilipti.
5. Gilioje keptuvėje įkaitinkite aliejų.
6. Aliejaus temperatūrą patikrinkite įmesdami į miltus, kurie turi ruduoti, nesudegti. Įdėkite vištieną į aliejų.
7. Kruopščiai kepkite apie keturias minutes, retkarčiais apversdami iki auksinės rudos spalvos iš visų pusių. Išimkite, nusausinkite ant grotelių ir patiekite karštą.
8. Patiekiama 10-12 val.

22. Pietinė kepta vištiena su padažu

Ingridientai:

2 svarai vištienos gabalėlių
1 puodelis universalių miltų
1 šaukštelis druskos
1 šaukštelis paprika
1 šaukštelis česnako miltelių
1 šaukštelis svogūnų miltelių
1/2 šaukštelio juodųjų pipirų
1/4 šaukštelio kajeno pipirų
1 puodelis pasukų
Aliejus kepimui
2 šaukštai universalių miltų
2 puodeliai pieno

Instrukcijos:
Sekliame inde sumaišykite miltus, druską, papriką, česnako miltelius, svogūnų miltelius, juoduosius pipirus ir kajeno pipirus.
Į kitą negilų indą supilkite pasukas.
Kiekvieną vištienos gabalėlį panardinkite į pasukas, tada suberkite į miltų mišinį, įsitikindami, kad jis tolygiai padengtas.
Gilioje keptuvėje ant vidutinės-stiprios ugnies įkaitinkite aliejų.
Kepkite vištienos gabalėlius 15-20 minučių arba tol, kol vištiena taps auksinės rudos spalvos ir iškeps.
Išimkite vištieną iš keptuvės ir atidėkite į šalį.
Toje pačioje keptuvėje sumaišykite 2 šaukštus miltų ir vištienos kepimo lašelius.
Palaipsniui įpilkite 2 puodelius pieno, nuolat plakdami, kol padažas sutirštės.
Patiekite vištieną su padažu.

23. Pasukų rančoje kepta vištiena

Ingridientai:

2 svarai vištienos gabalėlių
1 puodelis universalių miltų
1 šaukštelis druskos
1 šaukštelis juodųjų pipirų
1 šaukštelis česnako miltelių
1 šaukštelis svogūnų miltelių
1/2 šaukštelio paprikos
1/2 šaukštelio džiovintų krapų
1/2 šaukštelio džiovintų petražolių
1/2 puodelio pasukų
1/4 puodelio rančo padažo
Aliejus kepimui

Instrukcijos:
Sekliame inde sumaišykite miltus, druską, juoduosius pipirus, česnako miltelius, svogūnų miltelius, papriką, džiovintus krapus ir džiovintas petražoles.
Kitame sekliame inde suplakite pasukas ir rančo padažą.
Kiekvieną vištienos gabalėlį panardinkite į pasukų mišinį, tada įpilkite į miltų mišinį, įsitikindami, kad jis tolygiai padengtas.
Gilioje keptuvėje ant vidutinės-stiprios ugnies įkaitinkite aliejų.
5. Kepkite vištienos gabalėlius 15-20 minučių arba tol, kol vištiena taps auksinės rudos spalvos ir iškeps.

ORKALYJE KEPTA VIŠTA

24. Klasikinė orkaitėje kepta vištiena

Ingridientai:

2 svarai vištienos gabalėlių
1 puodelis universalių miltų
1 šaukštelis druskos
1 šaukštelis paprika
1 šaukštelis česnako miltelių
1 šaukštelis svogūnų miltelių
1/2 šaukštelio juodųjų pipirų
1/4 šaukštelio kajeno pipirų
1/2 stiklinės pieno
1 kiaušinis
1/4 puodelio sviesto, lydyto

Instrukcijos:
Įkaitinkite orkaitę iki 400°F.
Sekliame inde sumaišykite miltus, druską, papriką, česnako miltelius, svogūnų miltelius, juoduosius pipirus ir kajeno pipirus.
Kitame sekliame inde suplakite pieną ir kiaušinį.
Kiekvieną vištienos gabalėlį panardinkite į pieno mišinį, tada įmerkite į miltų mišinį, įsitikindami, kad jis tolygiai padengtas.
Vištieną dėkite ant kepimo skardos ir apšlakstykite lydytu sviestu.
Kepkite 45-50 minučių arba kol vištiena taps traški ir iškeps.

25. Brazilijos vištienos kroketai

Ingridientai

- 3 vištienos krūtinėlės, nuluptos ir be kaulų
- ½ vidutinio svogūno, supjaustyto
- 2 skiltelės česnako, smulkiai supjaustytos
- 2 kubeliai vištienos sultinio
- 6 šaukštai sviesto
- 1 ½ šaukštelio druskos
- ½ arbatinio šaukštelio citrininių pipirų
- 4 puodeliai vandens
- 1 mažas žalias svogūnas, susmulkintas
- ¼ puodelio kapotų šviežių petražolių
- 3 puodeliai universalių miltų
- 1 8 uncijų pakuotės grietinėlės sūris
- 2 kiaušinių baltymai
- duonos trupiniai

Kryptys

1. Dideliame dubenyje, kurį galima naudoti mikrobangų krosnelėje, mikrobangų krosnelėje aukštoje temperatūroje išvirkite vištienos krūtinėlę, svogūną, česnaką, vištienos sultinį, sviestą, druską, pipirus ir vandenį. Vištiena turi iškepti per 10 minučių.
2. Išimkite vištienos krūtinėlę ir smulkiai supjaustykite. Norėdami gauti spalvą, pridėkite petražolių ir žaliųjų svogūnų.
3. Vidutiniame puode užvirinkite 3 puodelius likusio sultinio 10 minučių. Suberkite miltus ir intensyviai maišykite apie 1 minutę, kol taps drėgna tešla. Išimkite tešlą iš keptuvės ir atvėsinkite iki šiltos temperatūros. Minkykite, kol jis taps vientisas ir išnyks miltų gumuliukai, maždaug 10 minučių.
4. Įkaitinkite gruzdintuvą iki 350 ° F.
5. Tešlą kočėlu išlyginkite iki ¼ colio storio ir biskvito pjaustykle arba stikline išpjaukite 2 ½–3 ½ colio dydžio apskritimus. Tešlą dėkite į delną, įdėkite 1 arbatinį šaukštelį pilno kreminio sūrio ir 1 arbatinį šaukštelį vištienos įdaro.
6. Ingridientų kiekį keiskite pagal iškirpto tešlos apskritimo dydį, kad galėtumėte uždaryti tešlą, o viduje liktų įdaras. Suminkykite

nepanaudotus tešlos likučius ir dar kartą susukite, įpjaukite daugiau apskritimų, kol bus panaudota visa tešla.
7. Sulenkite ir uždarykite tešlą blauzdelės pavidalu.
8. Užpildytą tešlą gausiai aptepkite kiaušinio plakiniu ir apvoliokite ant džiūvėsėlių, kol pasidengs.
9. Kepkite giliai apie 8 minutes arba iki auksinės rudos spalvos. Iš karšto aliejaus išimkite kiaurasamčiu arba mentele. Nusausinkite ant popierinių rankšluosčių ir patiekite karštą.
10. Tarnauja 6-8

26. Aštri orkaitėje kepta vištiena

Ingridientai:

8 vištienos šlaunelės su kaulais, su oda
1 puodelis universalių miltų
1 šaukštelis česnako miltelių
1 šaukštelis svogūnų miltelių
1 šaukštelis paprika
1 šaukštelis druskos
1/2 šaukštelio juodųjų pipirų
1/2 šaukštelio kajeno pipirų
2 kiaušiniai, sumušti
1 puodelis panko džiūvėsėlių
Virimo purškalas

Instrukcijos:
Įkaitinkite orkaitę iki 400°F.
Sekliame inde sumaišykite miltus, česnako miltelius, svogūnų miltelius, papriką, druską, juoduosius pipirus ir kajeno pipirus.
Kiekvieną vištienos šlaunelę pamerkite į miltų mišinį, nukratydami perteklių.
Vištienos šlaunelę panardinkite į išplaktus kiaušinius, tada aptepkite panko džiūvėsėliais, įspauskite džiūvėsėlius ant vištienos, kad įsitikintumėte, jog jie laikosi.
Vištienos šlauneles dėkite ant kepimo skardos, išklotos kepimo popieriumi ir apipurkštos kepimo purškalu.
Kepkite 45-50 minučių arba kol vištiena taps traški ir iškeps.

27. Pasukų rančoje kepta vištiena

Ingridientai:

8 vištienos šlaunelės su kaulais, su oda
1 puodelis universalių miltų
1 šaukštelis česnako miltelių
1 šaukštelis svogūnų miltelių
1 šaukštelis paprika
1 šaukštelis druskos
1/2 šaukštelio juodųjų pipirų
1 puodelis pasukų
1/4 puodelio rančo padažo
1 puodelis panko džiūvėsėlių
Virimo purškalas

Instrukcijos:
Įkaitinkite orkaitę iki 400°F.
Sekliame inde sumaišykite miltus, česnako miltelius, svogūnų miltelius, papriką, druską ir juoduosius pipirus.
Kitame sekliame inde suplakite pasukas ir rančo padažą.
Kiekvieną vištienos šlaunelę panardinkite į pasukų mišinį, tada įmerkite į miltų mišinį, įsitikindami, kad ji tolygiai padengta.
Pamerkite vištienos šlauneles atgal į pasukų mišinį, tada aptepkite panko džiūvėsėliais, įspauskite džiūvėsėlius ant vištienos, kad įsitikintumėte, jog jie laikosi.
Vištienos šlauneles dėkite ant kepimo skardos, išklotos kepimo popieriumi ir apipurkštos kepimo purškalu.
Kepkite 45-50 minučių arba kol vištiena taps traški ir iškeps.

28. Orkaitėje kepta vištiena su citrinų žolelėmis

Ingridientai:

8 vištienos šlaunelės su kaulais, su oda
1 puodelis universalių miltų
1 šaukštelis česnako miltelių
1 šaukštelis svogūnų miltelių
1 šaukštelis džiovinto baziliko
1 šaukštelis džiovintų čiobrelių
1 šaukštelis druskos
1/2 šaukštelio juodųjų pipirų
2 kiaušiniai, sumušti
1 puodelis panko džiūvėsėlių
1 citrina, nulupta
Virimo purškalas

Instrukcijos:
Įkaitinkite orkaitę iki 400°F.
Sekliame inde sumaišykite miltus, česnako miltelius, svogūnų miltelius, džiovintus bazilikus, džiovintus čiobrelius, druską ir juoduosius pipirus.
Kiekvieną vištienos šlaunelę pamerkite į miltų mišinį, nukratydami perteklių.
Vištienos šlaunelę panardinkite į išplaktus kiaušinius, tada aptepkite panko džiūvėsėliais, sumaišytais su citrinos žievele, įspauskite džiūvėsėlius ant vištienos, kad įsitikintumėte, jog jie laikosi.
Vištienos šlauneles dėkite ant kepimo skardos, išklotos kepimo popieriumi ir apipurkštos kepimo purškalu.
Kepkite 45-50 minučių arba kol vištiena taps traški ir iškeps.

29. Orkaitėje kepta pekano vištiena

Patiekimas: 7

Ingridientai
- 1 puodelis pasukų kepimo mišinio
- 1/3 puodelio kapotų pekano riešutų
- 2 arbatiniai šaukšteliai paprikos
- 1/2 arbatinio šaukštelio druskos
- 1/2 arbatinio šaukštelio paukštienos prieskonių
- 1/2 arbatinio šaukštelio džiovinto šalavijo
- 1 (2–3 svarai) visa vištiena, supjaustyta gabalėliais
- 1/2 puodelio išgarinto pieno
- 1/3 arbatinio šaukštelio sviesto, lydyto

Kryptis

a) Įkaitinkite orkaitę iki 175 °C/350 °F. Sutepkite 13x9 col. kepimo indą lengvai.
b) Sekliame inde sumaišykite šalavijų, paukštienos prieskonius, druską, papriką, pekano riešutus ir sausainių mišinį.
c) Vištienos gabalėlius pamerkite į išgarintą pieną. Gausiai aptepkite pekano mišiniu. Sudėkite gabalėlius į paruoštą kepimo formą. Supilkite ištirpintą sviestą/margariną.
d) Kepkite 1 valandą 175 ° C / 350 ° F temperatūroje, kol sultys bus skaidrios.

ORE KEPTA VIŠTA

30. Oro gruzdintuvė Migdolų vištiena

Padaro 2 porcijas

Ingridientai:
- 1 didelis kiaušinis
- 1/4 puodelio pasukų
- 1 arbatinis šaukštelis česnakinės druskos
- 1/2 arbatinio šaukštelio pipirų
- 1 puodelis pjaustytų migdolų, smulkiai pjaustytų
- 2 vištienos krūtinėlės pusės be kaulų (po 6 uncijos)
- Neprivaloma: rančo salotų padažas, kepsnių padažas arba medaus garstyčios

Nurodymai:
a) Įkaitinkite oro gruzdintuvą iki 350°. Sekliame dubenyje išplakite kiaušinį, pasukas, česnakinę druską ir pipirus. Į kitą negilų dubenį sudėkite migdolus. Vištieną panardinkite į kiaušinių mišinį, tada į migdolus ir paglostykite, kad danga priliptų.
b) Vienu sluoksniu sudėkite vištieną ant riebalais ištepto padėklo oro gruzdintuvės krepšelyje; apipurkškite virimo purkštuvu.
c) Kepkite, kol termometras, įkištas į vištieną, parodys bent 165°, 1518 minučių. Jei norite, patiekite su rančo padažu, barbekiu padažu arba garstyčiomis.

31. Oro gruzdintuvė Caprese įdaryta vištiena

Išeiga: 23 porcijos
Ingridientai:
- 2 didelės vištienos krūtinėlės be kaulų, be odos
- 1 romų pomidoras, supjaustytas
- 1/4 svaro šviežios mocarelos, supjaustytos
- 6 švieži baziliko lapeliai
- 1 valgomasis šaukštas itališkų prieskonių
- 1 arbatinis šaukštelis druskos
- 1/2 arbatinio šaukštelio pipirų
- 1 arbatinis šaukštelis aukščiausios kokybės pirmojo spaudimo alyvuogių aliejaus
- 1 arbatinis šaukštelis balzamiko acto (nebūtina)
- Žiupsnelis druskos ir pipirų

Nurodymai:
a) Paruoškite Caprese įdarytą vištienos gabalėlį. Įpjaukite plačią kišenę kiekvienos vištienos krūtinėlės storojoje pusėje, įpjaukite beveik į kitą pusę, bet ne iki galo. Atidarykite viščiuką su drugeliu. Vištieną tolygiai apšlakstykite aliejumi ir pagardinkite druska bei pipirais.
b) Dešinėje kiekvienos vištienos krūtinėlės pusėje sluoksniuokite mocarelos griežinėlius, pomidorų griežinėlius ir šviežią baziliką.
c) Atsargiai užlenkite kairę drugelio vištienos pusę ant dešinės ir užklijuokite 24 dantų krapštukais.
d) Kiekvienos krūtinėlės viršų pagardinkite itališkais prieskoniais ir žiupsneliu druskos bei pipirų.
e) Užpurkškite kepimo purškalo ant kiekvienos pagardintos vištienos krūtinėlės
f) Įkaitinkite oro gruzdintuvą iki 350 laipsnių F.
g) Išklokite krepšelį oro gruzdintuvės įdėklu arba folija. Sudėkite paruoštas įdarytas vištienos krūtinėlėmis.
h) Kepkite 350 laipsnių 2530 minučių arba tol, kol vištienos vidinė temperatūra pasieks 165 laipsnių F.
i) Prieš patiekdami apšlakstykite balzamiko actu (jei naudojate).

32. Oro gruzdintuvė vištiena Chimichangas

Ingridientai
- 2 svarai vištienos šlaunelių be kaulų, be odos, virtos ir susmulkintos
- 1 valgomasis šaukštas Taco prieskonių
- 1 (8 uncijos) grietinėlės sūrio pakuotė, suminkštinta
- 2 puodeliai susmulkinto meksikietiško sūrio
- 6 tortilijos
- 1 valgomasis šaukštas alyvuogių aliejaus arba alyvuogių aliejaus purškalo

Nurodymai:
a) Įkaitinkite oro gruzdintuvą iki 360 laipsnių.
b) Vištienos šlauneles susmulkinkite.
c) Sumaišykite vištieną, kreminį sūrį, tarkuotą sūrį ir prieskonius (jei reikia).
d) Supilkite maždaug ½ puodelio vištienos mišinio į kiekvienos miltų tortilijos centrą. Paspauskite žemyn.
e) Sulenkite tortiliją ant įdaro, pirmiausia užlenkdami šonus, o tada susukdami chimichanga kaip burrito.
f) Ištepkite alyvuogių aliejumi visas kiekvienos chimichanga puses arba tolygiai apipurkškite alyvuogių aliejumi. Įdėkite į oro gruzdintuvės krepšį siūle žemyn.
g) Kepkite orinėje gruzdintuvėje apie 4 minutes prieš apversdami ir kepkite dar 4–8 minutes.
h) Patiekite su avokadu, papildomu sūriu, grietine, salsa ar mėgstamais priedais.

33. Traškūs vištienos kotletai

Porcijos: 4

Ingridientai:
¾ puodelio miltų
2 dideli kiaušiniai
1½ stiklinės džiūvėsėlių
¼ puodelio parmezano sūrio, tarkuoto
1 valgomasis šaukštas garstyčių miltelių
Druska ir malti juodieji pipirai pagal poreikį
4 (¼ colio storio) vištienos kotletai be odos ir be kaulų

Nurodymai:
Į negilų dubenį suberkite miltus.
Antrame dubenyje įmuškite kiaušinius ir gerai išplakite.
Trečiame dubenyje sumaišykite džiūvėsėlius, sūrį, garstyčių miltelius, druską ir juoduosius pipirus.
Vištieną pagardinkite druska ir juodaisiais pipirais.
Vištieną apibarstykite miltais, tada įmerkite į išplaktus kiaušinius ir galiausiai aptepkite džiūvėsėlių mišiniu.
Paspauskite Ninja Foodi skaitmeninės oro gruzdintuvės orkaitės mygtuką AIR OVEN MODE ir pasukite ratuką, kad pasirinktumėte „Air Fry" režimą.
Paspauskite TIME/SLICES mygtuką ir dar kartą pasukite rankenėlę, kad nustatytumėte gaminimo laiką į 30 minučių.
Dabar paspauskite mygtuką TEMP/SHADE ir pasukite ratuką, kad nustatytumėte 355 °F temperatūrą.
Norėdami pradėti, paspauskite mygtuką „Start/Stop".
Kai prietaisas pypsi, kad parodytų, kad jis įkaitintas, atidarykite orkaitės dureles ir sutepkite orkaitės kepimo krepšį.
Vištienos kotletus sudėkite į paruoštą oro kepimo krepšelį ir įdėkite į orkaitę.
Pasibaigus kepimo laikui, atidarykite orkaitės dureles ir patiekite karštą.

34. Traškios vištienos kojelės

Porcijos: 3
Virimo laikas: 20 minučių
Ingridientai:
3 vištienos kojos
1 puodelis pasukų
2 stiklinės baltų miltų
1 arbatinis šaukštelis česnako miltelių
1 arbatinis šaukštelis svogūnų miltelių
1 arbatinis šaukštelis maltų kmynų
1 arbatinis šaukštelis paprikos
Druska ir malti juodieji pipirai pagal poreikį
1 valgomasis šaukštas alyvuogių aliejaus

Nurodymai:
Į dubenį sudėkite vištienos kojeles ir pasukas ir šaldykite apie 2 valandas.
Sekliame inde sumaišykite miltus ir prieskonius.
Vištieną išimkite iš pasukų.
Vištienos blauzdeles aptepkite miltų mišiniu, panardinkite į pasukas ir galiausiai vėl aptepkite miltų mišiniu.
Paspauskite Ninja Foodi skaitmeninės oro gruzdintuvės orkaitės mygtuką AIR OVEN MODE ir pasukite ratuką, kad pasirinktumėte „Air Fry" režimą.
Paspauskite TIME/SLICES mygtuką ir dar kartą pasukite rankenėlę, kad nustatytumėte gaminimo laiką į 20 minučių.
Dabar paspauskite mygtuką TEMP/SHADE ir pasukite ratuką, kad nustatytumėte 355 °F temperatūrą.
Norėdami pradėti, paspauskite mygtuką „Start/Stop".
Kai prietaisas pypsi, kad parodytų, kad jis įkaitintas, atidarykite orkaitės dureles ir sutepkite orkaitės kepimo krepšį.
Vištienos kojeles išdėliokite į paruoštą orinio kepimo krepšelį ir apšlakstykite aliejumi.
Įdėkite krepšelį į orkaitę.
Pasibaigus kepimo laikui, atidarykite orkaitės dureles ir patiekite karštą.

35. Skanios vištienos kulšelės

Porcijos: 4
Virimo laikas: 20 minučių
Ingridientai:
4 vištienos kulšelės
3/4 puodelio teriyaki padažo
4 šaukštai žalio svogūno, supjaustyto
1 valgomasis šaukštas sezamo sėklų, skrudintų

Nurodymai:
Pasirinkite kepimo ore režimą, nustatykite 360 °F temperatūrą ir laikmatį į 20 minučių. Norėdami pačildyti, paspauskite nustatymo ratuką.
Į užtrauktuku užsegamą maišelį įdėkite vištienos blauzdeles ir teriyaki padažą. Uždarykite maišelį ir padėkite į šaldytuvą 1 valandai.
Marinuotas vištienos kulšeles išdėliokite oro gruzdintuvės krepšelyje.
Kai įrenginys bus įkaitintas, atidarykite dureles, padėkite oro gruzdintuvės krepšį viršutiniame orkaitės lygyje ir uždarykite dureles.
Papuoškite žaliu svogūnu ir pabarstykite sezamo sėklomis.
Patiekite ir mėgaukitės.

36. Klevo vištienos šlaunelės

Porcijos: 4
Virimo laikas: 25 minutės
Ingridientai:
½ puodelio klevų sirupo
1 puodelis pasukų
1 kiaušinis
1 arbatinis šaukštelis česnako miltelių
4 vištienos šlaunelės, su oda, su kaulais
Sausas įtrynimas:
½ puodelio universalių miltų
¼ arbatinio šaukštelio medaus miltelių
1 valgomasis šaukštas druskos
1 arbatinis šaukštelis saldžiosios paprikos
¼ arbatinio šaukštelio rūkytos paprikos
1 arbatinis šaukštelis svogūnų miltelių
¼ arbatinio šaukštelio maltų juodųjų pipirų
¼ puodelio tapijokos miltų
½ arbatinio šaukštelio kajeno pipirų
½ arbatinio šaukštelio česnako miltelių

Nurodymai:

„Ziplock" maišelyje išplakite pasukas, kiaušinį, klevų sirupą ir arbatinį šaukštelį česnako.

Įdėkite vištienos šlauneles į pasukas ir uždarykite šį maišelį. Sukratykite, kad vištiena gerai pasidengtų, tada 1 valandai padėkite į šaldytuvą.

Tuo tarpu dubenyje išsukite miltus su druska, tapijoka, pipirais, rūkyta paprika, saldžiąja paprika, medaus milteliais, granuliuotu česnaku, kajeno pipirais ir granuliuotu svogūnu.

Išimkite marinuotą vištieną iš maišelio ir apibarstykite miltų mišiniu.

Nukratykite perteklių ir dėkite vištieną į orkaitę.

Įdėkite šį lapą į „Ninja Foodi" skaitmeninę oro gruzdintuvą ir uždarykite dureles.

Funkcijų mygtukais pasirinkite „AIR FRY" režimą.

Nustatykite jo gaminimo laiką į 12 minučių ir temperatūrą iki 380 °F, tada paspauskite „START/PAUSE", kad pradėtumėte pašildymą.

Vištienos šlauneles apverskite ir toliau kepkite dar 13 minučių toje pačioje temperatūroje.

Patiekite šiltą.

37. Parmezano vištienos kepsnys

Porcijos: 3
Virimo laikas: 50 minučių
Ingridientai:
3 vištienos krūtinėlės puselės be odos, be kaulų
1 puodelis paruošto marinara padažo
¼ puodelio tarkuoto parmezano sūrio, padalinto
½ pakuotės česnako skrebučiai
½ pakuotės susmulkinto mocarelos sūrio, padalinta
2 šaukštai susmulkinto šviežio baziliko
1 valgomasis šaukštas alyvuogių aliejaus
1 skiltelė česnako, susmulkinta ir smulkiai pjaustyta
Raudonųjų pipirų dribsniai, pagal skonį

Nurodymai:
Įjunkite „Ninja Foodi" skaitmeninę oro gruzdintuvą ir pasukite rankenėlę, kad pasirinktumėte „Kepti".
Iš anksto pašildykite pasirinkdami laikmatį 3 minutėms ir 350 °F temperatūrą.
Sutepkite SearPlate ir pabarstykite česnako bei raudonųjų pipirų dribsniais.
Vištienos krūtinėles išdėliokite ant SearPlate ir vištieną užpilkite marinara padažu.
Taip pat uždėkite pusę mocarelos sūrio ir parmezano sūrio, tada pabarstykite skrebučiais.
Galiausiai ant viršaus uždėkite likusį mocarelos sūrį, po to pusę parmezano sūrio.
Pasirinkite laikmatį maždaug 50 minučių ir 160 °F temperatūrą.
Kepkite, kol sūris ir skrebučiai taps auksinės rudos spalvos, o vištienos viduje nebebus rausvos spalvos.
Patiekite ir mėgaukitės!

38. Kepti vištienos sparneliai

Porcijos: 4
Virimo laikas: 30 minučių
Ingridientai:
2 svarai šviežių vištienos sparnelių
1 valgomasis šaukštas Vusterio padažo
4 šaukštai sviesto
4 šaukštai kajeno pipirų padažo
2 šaukštai svogūnų, susmulkintų
1 valgomasis šaukštas rudojo cukraus
1 šaukštelis jūros druskos

Nurodymai:
Padėkite lentyną į apatinę padėtį ir uždarykite dureles. Pasirinkite kepimo režimą, nustatykite 350 °F temperatūrą ir laikmatį į 30 minučių. Norėdami pašildyti, paspauskite nustatymo ratuką.
Ant skardos išdėliokite vištienos sparnelius.
Kai įrenginys bus pašildytas, atidarykite dureles, padėkite skardą ant stovo centro ir uždarykite dureles.
Dideliame dubenyje sumaišykite rudąjį cukrų, kajeno pipirų padažą, Vusterio padažą, sviestą ir druską.
Išimkite sparnelius iš orkaitės ir sudėkite į dubenį ir maišykite, kol sparneliai gerai pasidengs.
Papuoškite laiškiniais svogūnais ir patiekite.

39. Azijietiškos vištienos kulšelės

Porcijos: 4
Virimo laikas: 20 minučių
Ingridientai:
8 vištienos kulšelės
1 šaukštelis juodųjų pipirų
1 šaukštelis sezamo aliejaus
2 šaukštai ryžių vyno
3 šaukštai žuvies padažo
2 šaukštai česnako, susmulkinto
1 laimo sultys
1/4 puodelio rudojo cukraus
1/2 šaukštelio Sriracha padažo
Druska

Nurodymai:
Pasirinkite kepimo ore režimą, nustatykite 360 °F temperatūrą ir laikmatį į 20 minučių. Norėdami pašildyti, paspauskite nustatymo ratuką.
Į dubenį sudėkite vištienos blauzdeles ir likusius ingredientus ir gerai išmaišykite.
Uždenkite ir padėkite į šaldytuvą 2 valandoms.
Marinuotas vištienos kulšeles išdėliokite oro gruzdintuvės krepšelyje.
Kai įrenginys bus įkaitintas, atidarykite dureles, padėkite oro gruzdintuvės krepšį viršutiniame orkaitės lygyje ir uždarykite dureles.
Patiekite ir mėgaukitės.

40. Vištienos pomidorų grybai kepami

Porcijos: 4
Virimo laikas: 30 minučių
Ingridientai:
2 svarai vištienos krūtinėlės, perpjautos per pusę
1/3 puodelio saulėje džiovintų pomidorų
8 uncijos grybų, supjaustyti
1/2 stiklinės majonezo
1 šaukštelis druskos

Nurodymai:
Padėkite lentyną į apatinę padėtį ir uždarykite dureles. Pasirinkite kepimo režimą, nustatykite 390 °F temperatūrą ir laikmatį iki 30 minučių. Norėdami pašildyti, paspauskite nustatymo ratuką.
Į kepimo indą sudėkite vištieną ir ant viršaus uždėkite grybus, saulėje džiovintus pomidorus, majonezą ir druską. Gerai ismaisyti.
Kai įrenginys bus įkaitintas, atidarykite dureles, padėkite kepimo indą ant grotelių vidurio ir uždarykite dureles.
Patiekite ir mėgaukitės.

41. Medumi glazūruotos vištienos kulšelės

Porcijos: 2
Virimo laikas: 22 minutės
Ingridientai:
½ šaukšto šviežių čiobrelių, maltų
2 šaukštai Dižono garstyčių
½ šaukšto medaus
1 valgomasis šaukštas alyvuogių aliejaus
1 arbatinis šaukštelis šviežio rozmarino, malto
2 vištienos kulšelės, be kaulų
Druska ir juodieji pipirai, pagal skonį

Nurodymai:
Paimkite dubenį ir sumaišykite garstyčias, medų, žoleles, druską, aliejų ir juoduosius pipirus.
Į dubenį sudėkite vištienos blauzdeles ir gerai aptepkite mišiniu.
Uždenkite ir per naktį šaldykite.
Įjunkite „Ninja Foodi" skaitmeninę oro gruzdintuvo orkaitę ir pasukite rankenėlę, kad pasirinktumėte „Air Fry".
Pasirinkite laikmatį maždaug 12 minučių ir 320 °F temperatūrą.
Sutepkite orinį kepimo krepšį ir įdėkite blauzdeles į paruoštą krepšį.
Kepkite ore apie 12 minučių, tada dar apie 10 minučių 355 °F temperatūroje.
Išimkite iš orkaitės ir patiekite ant lėkštės.
Patiekite karštą ir mėgaukitės!

42. Rozmarino vištienos šlaunelės

Porcijos: 2
Virimo laikas: 20 minučių
Ingridientai:
2 vištienos šlaunelės be odos, be kaulų
1 arbatinis šaukštelis šviežio rozmarino, malto
Druska ir malti juodieji pipirai, pagal skonį
2 šaukštai sviesto, lydyto

Nurodymai:
Vištienos šlauneles tolygiai įtrinkite druska ir juodaisiais pipirais, tada aptepkite tirpintu sviestu. Vištienos šlauneles sudėkite į riebalais išteptą skardą.
Ninja Foodi skaitmeninėje oro gruzdintuvėje pasirinkite „KEPIMO" režimą ir kepimo laiką iki 20 minučių.
Nustatykite 450 °F temperatūrą.
Norėdami pradėti, paspauskite mygtuką „START/PAUSE".
Įdėkite skardą į orkaitę, kai įrenginys pypsi, kad parodytų, kad kepimo laikas baigėsi; paspauskite mygtuką „Maitinimas", kad sustabdytumėte gaminimą ir atidarytumėte dureles.
Patiekite karštą.

43. Saldžios ir aštrios vištienos kulšelės

Porcijos: 2
Virimo laikas: 20 minučių
Ingridientai:
2 vištienos kulšelės
½ česnako skiltelės, susmulkintos
1 arbatinis šaukštelis imbiero, susmulkinto
1 arbatinis šaukštelis rudojo cukraus
½ šaukšto garstyčių
½ arbatinio šaukštelio raudonojo čili miltelių
½ arbatinio šaukštelio kajeno pipirų
½ šaukšto augalinio aliejaus
Druska ir juodieji pipirai, pagal skonį

Nurodymai:
Paimkite dubenį ir sumaišykite garstyčias, imbierą, rudąjį cukrų, aliejų ir prieskonius.
Į dubenį įdėkite vištienos blauzdeles, kad jos gerai pasidengtų.
Šaldykite bent 20–30 minučių.
Įjunkite „Ninja Foodi" skaitmeninę oro gruzdintuvo orkaitę ir pasukite rankenėlę, kad pasirinktumėte „Air Fry".
Pasirinkite laikmatį maždaug 10 minučių ir 390 °F temperatūrą.
Sutepkite orinį kepimo krepšį ir įdėkite blauzdeles į paruoštą krepšį.
Kepkite ore apie 10 minučių, tada dar 10 minučių 300 °F temperatūroje.
Išimkite iš orkaitės ir patiekite ant lėkštės.
Patiekite karštą ir mėgaukitės!

44. Vištienos troškinys

Porcijos: 5
Virimo laikas: 25 minutės
Ingridientai:
1 1/4 svaro vištienos, virta ir susmulkinta
1/2 stiklinės vandens
1/2 puodelio riebios grietinėlės
8 uncijos grietinėlės sūrio
5 uncijos šparaginės pupelės, susmulkintos
1/4 puodelio mocarelos sūrio, susmulkinto
1/4 puodelio parmezano sūrio, tarkuoto
1/2 šaukštelio česnako miltelių
Druska

Nurodymai:
Vidutiniame puode ant silpnos ugnies įkaitinkite grietinę, parmezano sūrį, česnako miltelius, grietinėlės sūrį, vandenį ir druską iki vientisos masės.
Į riebalais išteptą kepimo formą suberkite šparagines pupeles.
Ant šparaginių pupelių viršaus paskleiskite vištieną.
Grietinėlės mišinį užpilkite ant vištienos ir ant viršaus uždėkite mocarelos.
Pasirinkite kepimo režimą, tada nustatykite 350 °F temperatūrą ir 25 minutes. Paspauskite pradėti.
Kai „Ninja Foodi Digital Air Fryer Oven" orkaitė bus įkaitinta, įdėkite kepimo indą į orkaitę.
Patiekite ir mėgaukitės.

45. Balzaminė vištiena

Porcijos: 4
Virimo laikas: 25 minutės
Ingridientai:
4 vištienos krūtinėlės be odos ir be kaulų
1/2 puodelio balzamiko acto
2 šaukštai sojos padažo
1/4 puodelio alyvuogių aliejaus
2 šaukšteliai džiovintų raudonėlių
2 česnako skiltelės, susmulkintos
Pipirai
Druska

Nurodymai:
Padėkite lentyną į apatinę padėtį ir uždarykite dureles. Pasirinkite kepimo režimą, nustatykite temperatūrą iki 390 °F ir laikmatį nustatykite į 25 minutes. Norėdami pašildyti, paspauskite nustatymo ratuką.
Dubenyje sumaišykite sojos padažą, aliejų, pipirus, raudonėlį, česnaką ir actą.
Įdėkite vištieną į kepimo indą ir užpilkite sojos padažu.
Kai įrenginys bus įkaitintas, atidarykite dureles, padėkite kepimo indą ant grotelių vidurio ir uždarykite dureles.
Patiekite ir mėgaukitės.

46. Vištiena su daržovėmis

Porcijos: 4
Virimo laikas: 50 minučių
Ingridientai:
8 vištienos šlaunelės be odos ir kaulų
1 1/2 svaro bulvių, supjaustytų gabalėliais
4 šaukštai alyvuogių aliejaus
1 šaukštelis džiovintų raudonėlių
1/4 puodelio kaparėlių, nusausintų
10 uncijų skrudintų raudonųjų pipirų, supjaustytų
2 puodeliai vyšninių pomidorų
4 česnako skiltelės, susmulkintos
Pipirai
Druska

Nurodymai:
Padėkite lentyną į apatinę padėtį ir uždarykite dureles. Pasirinkite kepimo režimą, nustatykite 390 °F temperatūrą ir laikmatį į 50 minučių. Norėdami pašildyti, paspauskite nustatymo ratuką.
Vištieną pagardinkite pipirais ir druska.
Keptuvėje ant vidutinės ugnies įkaitinkite 2 šaukštus aliejaus.
Sudėkite vištieną ir apkepkite iš abiejų pusių iki rudos spalvos.
Sudėkite vištieną į kepimo indą.
Įmaišykite bulves, raudonėlį, česnaką, kaparėlius, raudonuosius pipirus ir pomidorus. Apšlakstykite aliejumi.
Kai įrenginys bus įkaitintas, atidarykite dureles, padėkite kepimo indą ant grotelių ir uždarykite dureles.
Patiekite ir mėgaukitės.

47. Aštrūs mėsos kukuliai

Porcijos: 8
Virimo laikas: 20 minučių
Ingridientai:
2 svarai maltos vištienos
2 jalapeno čili pipirai, susmulkinti
2 šaukšteliai imbiero, tarkuoto
1 šaukštelis česnako, susmulkintas
3 šaukštai džiūvėsėlių
1/4 puodelio šviežios kalendros, susmulkintos
1/4 puodelio laiškinių svogūnų, supjaustytų
1 valgomasis šaukštas maltos kalendros
1 valgomasis šaukštas žuvies padažo
Pipirai
Druska

Nurodymai:
Sudėkite visus ingredientus į dubenį ir maišykite, kol gerai susimaišys.
Iš mišinio suformuokite mažus rutuliukus ir padėkite juos ant skardos.
Pasirinkite kepimo režimą, tada nustatykite temperatūrą iki 390 °F ir 20 minučių. Paspauskite pradėti.
Kai „Ninja Foodi" skaitmeninė oro gruzdintuvė orkaitė bus įkaitinta, įdėkite skardą į orkaitę.
Patiekite ir mėgaukitės.

48. Skanios vištienos kulšelės

Porcijos: 2
Virimo laikas: 15 minučių
Ingridientai:
2 vištienos kulšelės
2 šaukštai medaus
1 valgomasis šaukštas alyvuogių aliejaus
1/4 šaukštelio čili dribsnių, susmulkintų

Nurodymai:
Sudėkite visus ingredientus į užtrauktuku užsegamą maišelį. Uždarykite maišelį ir gerai suplakite ir padėkite į šaldytuvą 30 minučių.
Išdėliokite vištieną oro gruzdintuvės krepšelyje.
Pasirinkite kepti ore, tada nustatykite 400 °F temperatūrą ir 15 minučių. Paspauskite pradėti.
Kai „Ninja Foodi" skaitmeninė oro gruzdintuvė orkaitė bus įkaitinta, įdėkite krepšelį į viršutinius orkaitės bėgius.
Patiekite ir mėgaukitės.

49. Graikiškas vištienos troškinys

Porcijos: 6
Virimo laikas: 25 minutės
Ingridientai:
2 puodeliai kepsninės vištienos, susmulkintos
8 kukurūzų tortilijos
1 1/2 puodelio salsos
1 stiklinė grietinės
2 puodeliai Monterey Jack sūrio, susmulkinti
2 stiklinės pomidorų, pjaustytų

Nurodymai:
Dubenyje sumaišykite vištieną, 1 puodelį sūrio, pomidorus, salsą ir grietinę.
Vištienos mišinį perkelkite į riebalais išteptą kepimo formą.
Ant viršaus uždėkite tortilijų ir likusio sūrio.
Pasirinkite kepimo režimą, tada nustatykite 400 °F temperatūrą ir 25 minutes. Paspauskite pradėti.
Kai „Ninja Foodi Digital Air Fryer Oven" orkaitė bus įkaitinta, įdėkite kepimo indą į orkaitę.
Patiekite ir mėgaukitės.

50. Ispaniškas vištienos kepinys

Porcijos: 4
Virimo laikas: 25 minutės.
Ingridientai:
½ svogūno, supjaustyto ketvirčiais
½ raudonojo svogūno, supjaustyto ketvirčiais
½ svaro bulvių, supjaustytų ketvirčiais
4 česnako skiltelės
4 pomidorai, supjaustyti ketvirčiais
⅛ puodelio chorizo
¼ arbatinio šaukštelio paprikos miltelių
4 vištienos šlaunelės, be kaulų
¼ arbatinio šaukštelio džiovinto raudonėlio
½ žaliosios paprikos, pasūdytos
Druska, pagal skonį
Juodieji pipirai, pagal skonį

Nurodymai:
Sudėkite vištieną, daržoves ir visus ingredientus į „SearPlate".
Perkelkite „SearPlate" į „Ninja Foodi" skaitmeninę oro gruzdintuvės orkaitę ir uždarykite dureles.
Sukdami ratuką pasirinkite režimą „Kepimas".
Paspauskite mygtuką TIME/SLICES ir pakeiskite reikšmę į 25 minutes.
Paspauskite mygtuką TEMP/SHADE ir pakeiskite reikšmę į 425 °F.
Norėdami pradėti gaminti, paspauskite Start/Stop.
Patiekite šiltą.

51. Vištiena Alfredo Bake

Porcijos: 2
Virimo laikas: 25 minutės
Ingridientai:
¼ puodelio riebios grietinėlės
½ stiklinės pieno
1 valgomasis šaukštas miltų, padalintas
½ skiltelės česnako, susmulkinto
1 puodelis penne makaronų
½ šaukšto sviesto
½ puodelio kubeliais pjaustytos keptuvės vištienos
½ puodelio Parmigiano-Reggiano sūrio, šviežiai tarkuoto
½ žiupsnelio malto muskato riešuto

Nurodymai:
Paimkite didelį puodą lengvai pasūdyto vandens ir užvirinkite.
Įpilkite penne ir virkite apie 11 minučių.
Įjunkite „Ninja Foodi" skaitmeninę oro gruzdintuvą ir pasukite rankenėlę, kad pasirinktumėte „Kepti".
Nustatykite laiką nuo 10 iki 12 minučių ir temperatūrą iki 375 °F.
Paspauskite Start/Stop, kad pradėtumėte pašildymą.
Tuo tarpu paimkite keptuvę ir ant vidutinės ugnies ištirpinkite sviestą ir kepkite česnaką apie minutę.
Suberkite miltus ir nuolat plakite, kol susidarys pasta.
Supilkite pieną ir grietinėlę, nuolat plakdami.
Įmaišykite sūrį ir muskato riešutą.
Dabar sudėkite nusausintus penne makaronus ir virtą vištieną.
Supilkite mišinį į orkaitėje tinkamą indą.
Ant viršaus pabarstykite sūriu.
Kai įrenginys pypsi, kad būtų pašildytas, įdėkite indą ant grotelių į Ninja Foodi Digital Air Fryer Oven.
Kepkite įkaitintoje „Ninja Foodi" skaitmeninėje oro gruzdintuvėje orkaitėje apie 10–12 minučių 375 °F temperatūroje.
Patiekite ir mėgaukitės!

52. Primavera vištiena

Porcijos: 4
Virimo laikas: 25 minutės.
Ingridientai:
4 vištienos krūtinėlės be kaulų
1 cukinija, supjaustyta
3 vidutiniai pomidorai, supjaustyti
2 geltonos paprikos, supjaustytos griežinėliais
½ raudonojo svogūno, supjaustyto
2 šaukštai alyvuogių aliejaus
1 arbatinis šaukštelis itališkų prieskonių
Košerinė druska, pagal skonį
Šviežiai malti juodieji pipirai, pagal skonį
1 puodelis susmulkintos mocarelos
Papuošimui šviežiai pjaustytų petražolių

Nurodymai:
Vienoje vištienos krūtinėlės pusėje įpjaukite įpjovą ir įdarykite jas visomis daržovėmis.
Įdarytas vištienos krūtinėles sudėkite į „SearPlate", tada ant vištienos užpilkite aliejaus, itališkų prieskonių, juodųjų pipirų, druskos ir mocarelos.
Perkelkite „SearPlate" į „Ninja Foodi" skaitmeninę oro gruzdintuvės orkaitę ir uždarykite dureles.
Sukdami ratuką pasirinkite režimą „Kepimas".
Paspauskite mygtuką TIME/SLICES ir pakeiskite reikšmę į 25 minutes.
Paspauskite mygtuką TEMP/SHADE ir pakeiskite reikšmę į 370 °F.
Norėdami pradėti gaminti, paspauskite Start/Stop.
Papuoškite petražolėmis ir patiekite šiltą.

53. Sūrio vištienos kotletai

Porcijos: 2
Virimo laikas: 30 minučių
Ingridientai:
1 didelis kiaušinis
6 šaukštai miltų
¾ puodelio panko džiūvėsėlių
2 šaukštai parmezano sūrio, tarkuoto
2 vištienos kotletai be odos ir be kaulų
½ šaukšto garstyčių miltelių
Druska ir juodieji pipirai, pagal skonį

Nurodymai:
Paimkite negilų dubenį, suberkite miltus.
Antrame dubenyje įmuškite kiaušinį ir gerai išplakite.
Paimkite trečią dubenį ir sumaišykite džiūvėsėlius, sūrius, garstyčių miltelius, druską ir juoduosius pipirus.
Vištieną pagardinkite druska ir juodaisiais pipirais.
Vištieną apibarstykite miltais, tada įmerkite į išplaktą kiaušinį ir galiausiai aptepkite duonos trupinių mišiniu.
Įjunkite „Ninja Foodi" skaitmeninę oro gruzdintuvo orkaitę ir pasukite rankenėlę, kad pasirinktumėte „Air Fry".
Pasirinkite laikmatį maždaug 30 minučių ir 355 °F temperatūrą.
Oro kepimo krepšelį sutepkite riebalais ir įdėkite vištienos kotletus į paruoštą krepšelį.
Išimkite iš orkaitės ir patiekite ant lėkštės.
Patiekite karštą ir mėgaukitės!

54. Chipotle vištiena

Porcijos: 2
Virimo laikas: 18 minučių
Ingridientai:
2 vištienos krūtinėlės be kaulų
2 šaukštai alyvuogių aliejaus
2 šaukšteliai čili pipirų miltelių
1 valgomasis šaukštas rudojo cukraus
3 šaukštai skardinės adobo padažo
1/2 šaukštelio džiovinto raudonėlio
1 šaukštelis svogūnų miltelių
1 šaukštelis česnako miltelių
Druska

Nurodymai:
Pasirinkite kepimo ore režimą, nustatykite temperatūrą iki 360 °F ir laikmatį nustatykite į 18 minučių. Norėdami pašildyti, paspauskite nustatymo ratuką.
Įdėkite vištieną ir likusius ingredientus į užtrauktuku užsegamą maišelį. Uždarykite maišelį ir padėkite į šaldytuvą 4 valandoms.
Marinuotą vištieną išdėliokite oro gruzdintuvės krepšelyje.
Kai įrenginys bus įkaitintas, atidarykite dureles, padėkite oro gruzdintuvės krepšį viršutiniame orkaitės lygyje ir uždarykite dureles.
Patiekite ir mėgaukitės.

55. Brie įdarytos vištienos krūtinėlės

Porcijos: 4
Virimo laikas: 15 minučių
Ingridientai:
2 vištienos filė be odos, be kaulų
Druska ir malti juodieji pipirai pagal poreikį
4 bri sūrio griežinėliai
1 valgomasis šaukštas šviežių česnakų, susmulkintų
4 šoninės griežinėliai
  Nurodymai:
Kiekvieną vištienos filė supjaustykite į 2 vienodo dydžio gabalėlius.
Atsargiai kiekviename vištienos gabalėlyje padarykite plyšį horizontaliai maždaug ¼ colio atstumu nuo krašto.
Kiekvieną vištienos gabalėlį atidarykite ir pagardinkite druska bei juodaisiais pipirais.
Kiekvieno vištienos gabalėlio atviroje vietoje įdėkite po 1 sūrio griežinėlį ir pabarstykite laiškiniais česnakais.
Vištienos gabalėlius uždarykite ir kiekvieną apvyniokite šoninės griežinėliu.
Pritvirtinkite dantų krapštukais.
Paspauskite Ninja Foodi skaitmeninės oro gruzdintuvės orkaitės mygtuką AIR OVEN MODE ir pasukite ratuką, kad pasirinktumėte „Air Fry" režimą.
Paspauskite TIME/SLICES mygtuką ir dar kartą pasukite rankenėlę, kad nustatytumėte gaminimo laiką į 15 minučių.
Dabar paspauskite mygtuką TEMP/SHADE ir pasukite ratuką, kad nustatytumėte 355 °F temperatūrą.
Norėdami pradėti, paspauskite mygtuką „Start/Stop".
Kai prietaisas pypsi, kad parodytų, kad jis įkaitintas, atidarykite orkaitės dureles ir sutepkite orkaitės kepimo krepšį.
Vištienos gabalėlius sudėkite į paruoštą oro kepimo krepšį ir įdėkite į orkaitę.
Pasibaigus kepimo laikui, atidarykite orkaitės dureles ir padėkite susuktas vištienos krūtinėles ant pjaustymo lentos.
Supjaustykite norimo dydžio griežinėliais ir patiekite.

56. Traškios vištienos šlaunelės

Porcijos: 4
Virimo laikas: 25 minutės
Ingridientai:
½ puodelio universalių miltų
1½ šaukšto Cajun prieskonių
1 arbatinis šaukštelis prieskoninės druskos
1 kiaušinis
4 vištienos šlaunelės su oda

Nurodymai:
Sekliame dubenyje sumaišykite miltus, Cajun prieskonius ir druską.
Kitame dubenyje įmuškite kiaušinį ir gerai išplakite.
Kiekvieną vištienos šlaunelę aptepkite miltų mišiniu, tada įmerkite į išplaktą kiaušinį ir galiausiai vėl aptepkite miltų mišiniu.
Miltų perteklių kruopščiai nukratykite.
Paspauskite Ninja Foodi skaitmeninės oro gruzdintuvės orkaitės mygtuką AIR OVEN MODE ir pasukite ratuką, kad pasirinktumėte „Air Fry" režimą.
Paspauskite TIME/SLICES mygtuką ir dar kartą pasukite rankenėlę, kad nustatytumėte gaminimo laiką į 25 minutes.
Dabar paspauskite TEMP/SHADE mygtuką ir pasukite ratuką, kad nustatytumėte 390 °F temperatūrą.
Norėdami pradėti, paspauskite mygtuką „Start/Stop".
Kai prietaisas pypsi, kad parodytų, kad jis įkaitintas, atidarykite orkaitės dureles ir sutepkite orkaitės kepimo krepšį.
Vištienos šlauneles sudėkite į paruoštą oro kepimo krepšelį ir pašaukite į orkaitę.
Pasibaigus kepimo laikui, atidarykite orkaitės dureles ir patiekite karštą.

57. Keptos vištienos nugarinės

Porcijos: 2
Virimo laikas: 15 minučių
Ingridientai:
4 vištienos nugarinės be odos ir be kaulų
½ kiaušinio, sumuštas
1 valgomasis šaukštas augalinio aliejaus
¼ puodelio džiūvėsėlių

Nurodymai:
Paimkite negilų indą ir įmuškite išplaktą kiaušinį.
Paimkite kitą patiekalą ir sumaišykite aliejų bei džiūvėsėlius, kol susidarys trupiniai.
Vištienos nugarines pamerkite į išplaktą kiaušinį ir aptepkite džiūvėsėlių mišiniu.
Nukratykite dangos perteklių.
Įjunkite „Ninja Foodi" skaitmeninę oro gruzdintuvo orkaitę ir pasukite rankenėlę, kad pasirinktumėte „Air Fry".
Pasirinkite laikmatį maždaug 15 minučių ir 355 °F temperatūrą.
Ištepkite kepimo krepšį riebalais ir įdėkite vištienos nugarines į paruoštą krepšelį.
Išimkite iš orkaitės ir patiekite ant lėkštės.
Patiekite karštą ir mėgaukitės!

58. Vištienos kepimas

Porcijos: 4
Virimo laikas: 40 minučių
Ingridientai:
1 valgomasis šaukštas alyvuogių aliejaus
1 geltonasis svogūnas, susmulkintas
1 skardinė konservuotų pomidorų, supjaustytų kubeliais
3 česnako skiltelės, susmulkintos
2 šaukštai šviežių petražolių, kapotų
1 arbatinis šaukštelis džiovintų raudonėlių
4 vištienos krūtinėlės be kaulų
Druska ir juodieji pipirai, pagal skonį
¾ puodelio gruyere sūrio, tarkuoto
1 arbatinis šaukštelis itališkų prieskonių
1 valgomasis šaukštas petražolių papuošimui

Nurodymai:
Ninja kepimo indą ištepkite kepimo purškikliu.
Į dubenį supilkite pomidorus su alyvuogių aliejumi, česnaku, svogūnais, itališkais prieskoniais, raudonėliais ir petražolėmis.
Šiuo pomidorų mišiniu paskleiskite paruoštą kepimo formą. Vištieną įtrinkite druska ir juodaisiais pipirais, tada padėkite ant pomidorų.
Perkelkite šį kepimo indą į „Ninja Foodi" skaitmeninę oro gruzdintuvą ir uždarykite dureles.
Funkcijų mygtukais pasirinkite „AIR FRY" režimą.
Nustatykite jo gaminimo laiką į 35 minutes ir temperatūrą iki 400 °F, tada paspauskite „START/PAUSE", kad pradėtumėte pašildymą.
Vištieną apibarstykite sūriu ir kepkite 5 minutes.
Patiekite šiltą.

59. Vištienos ir ryžių troškinys

Porcijos: 4
Virimo laikas: 23 minutės.
Ingridientai:
2 svarai vištienos šlaunelių su kaulais
Druska ir juodieji pipirai
1 arbatinis šaukštelis alyvuogių aliejaus
5 skiltelės česnako, susmulkintos
2 dideli svogūnai, susmulkinti
2 didelės raudonos paprikos, susmulkintos
1 valgomasis šaukštas saldžiosios vengriškos paprikos
1 arbatinis šaukštelis aitriosios vengriškos paprikos
2 šaukštai pomidorų pastos
2 puodeliai vištienos sultinio
3 stiklinės rudųjų ryžių, atšildytų
2 šaukštai petražolių, kapotų
6 šaukštai grietinės

Nurodymai:
Vištieną pagardinkite druska, juodaisiais pipirais ir alyvuogių aliejumi.
Kepkite vištieną keptuvėje 5 minutes iš kiekvienos pusės, tada perkelkite į SearPlate.
Toje pačioje keptuvėje pakepinkite svogūną, kol suminkštės.
Suberkite česnaką, pipirus ir papriką, tada patroškinkite 3 minutes.
Įmaišykite pomidorų pastą, vištienos sultinį ir ryžius.
Gerai išmaišykite ir virkite, kol ryžiai suminkštės, tada sudėkite grietinę ir petražoles.
Užtepkite mišinį ant vištienos SearPlate.
Perkelkite „SearPlate" į „Ninja Foodi" skaitmeninę oro gruzdintuvą ir uždarykite dureles.
Perkelkite sumuštinį į Ninja Foodi Digital Air Fryer Oven ir uždarykite dureles.
Sukdami ratuką pasirinkite režimą „Kepimas".
Paspauskite mygtuką TIME/SLICES ir pakeiskite reikšmę į 10 minučių.
Paspauskite mygtuką TEMP/SHADE ir pakeiskite reikšmę į 375 °F.
Norėdami pradėti gaminti, paspauskite Start/Stop.
Patiekite šiltą.

60. Kepta vištiena su prieskoniais

Porcijos: 3
Virimo laikas: 1 valanda
Ingridientai:
1 arbatinis šaukštelis paprikos
½ arbatinio šaukštelio kajeno pipirų
½ arbatinio šaukštelio maltų baltųjų pipirų
½ arbatinio šaukštelio česnako miltelių
1 arbatinis šaukštelis džiovintų čiobrelių
½ arbatinio šaukštelio svogūnų miltelių
Druska ir juodieji pipirai, pagal skonį
2 šaukštai aliejaus
½ visos vištienos, kakliukai ir viduriai pašalinti

Nurodymai:
Paimkite dubenį ir sumaišykite čiobrelius bei prieskonius.
Vištieną aptepkite aliejumi ir įtrinkite prieskonių mišiniu.
Įjunkite „Ninja Foodi" skaitmeninę oro gruzdintuvo orkaitę ir pasukite rankenėlę, kad pasirinktumėte „Air Fry".
Pasirinkite laikmatį maždaug 30 minučių ir 350 °F temperatūrą.
Įdėkite vištieną į ore kepimo krepšį ir kepkite ore 30 minučių.
Po to vištieną išimkite, apverskite ir dar 30 minučių leiskite kepti ore.
Kai iškeps, 10 minučių leiskite pastovėti ant didelės lėkštės, tada supjaustykite norimais gabalėliais.
Patiekite ir mėgaukitės!

61. Skoningos vištienos kulšelės

Porcijos: 6
Virimo laikas: 25 minutės
Ingridientai:
1 1/2 svaro vištienos kulšelių
1 šaukštelis alyvuogių aliejaus
1/4 šaukštelio maltų kmynų
1/2 šaukštelio džiovinto raudonėlio
1/4 šaukštelio kajeno
1 šaukštelis paprika
1 šaukštelis džiovintų petražolių
1/4 šaukštelio svogūnų miltelių
1 šaukštelis medaus garstyčių padažo
1/2 šaukštelio česnako miltelių
1 valgomasis šaukštas sviesto, lydytas
Pipirai
Druska

Nurodymai:
Pasirinkite kepimo ore režimą, nustatykite temperatūrą iki 375 °F ir laikmatį nustatykite į 25 minutes. Norėdami pašildyti, paspauskite nustatymo ratuką.
Maišymo dubenyje išmeskite vištienos blauzdeles su likusiais ingredientais.
Oro gruzdintuvės krepšelyje išdėliokite vištienos blauzdeles.
Kai įrenginys bus įkaitintas, atidarykite dureles, padėkite oro gruzdintuvės krepšį viršutiniame orkaitės lygyje ir uždarykite dureles.
Patiekite ir mėgaukitės.

62. Sūri vištiena

Porcijos: 4
Virimo laikas: 55 minutės
Ingridientai:
4 vištienos krūtinėlės
1 šaukštelis džiovinto baziliko
1 šaukštelis džiovintų raudonėlių
1 puodelis parmezano sūrio, tarkuoto
1 puodelis pusės ir pusės
1 puodelis čederio sūrio, susmulkintas
Pipirai
Druska

Nurodymai:
Vištienos krūtinėles sudėkite į riebalais išteptą kepimo formą ir apibarstykite čederio sūriu.
Dubenyje sumaišykite parmezano sūrį, pusę ir pusę, raudonėlį, baziliką, pipirus ir druską.
Sūrio mišinį užpilkite ant vištienos krūtinėlių.
Pasirinkite kepimo režimą, tada nustatykite 375 °F temperatūrą ir 55 minutes. Paspauskite pradėti.
Kai „Ninja Foodi Digital Air Fryer Oven" orkaitė bus įkaitinta, įdėkite kepimo indą į orkaitę.
Patiekite ir mėgaukitės.

63. Aštrios vištienos kojelės

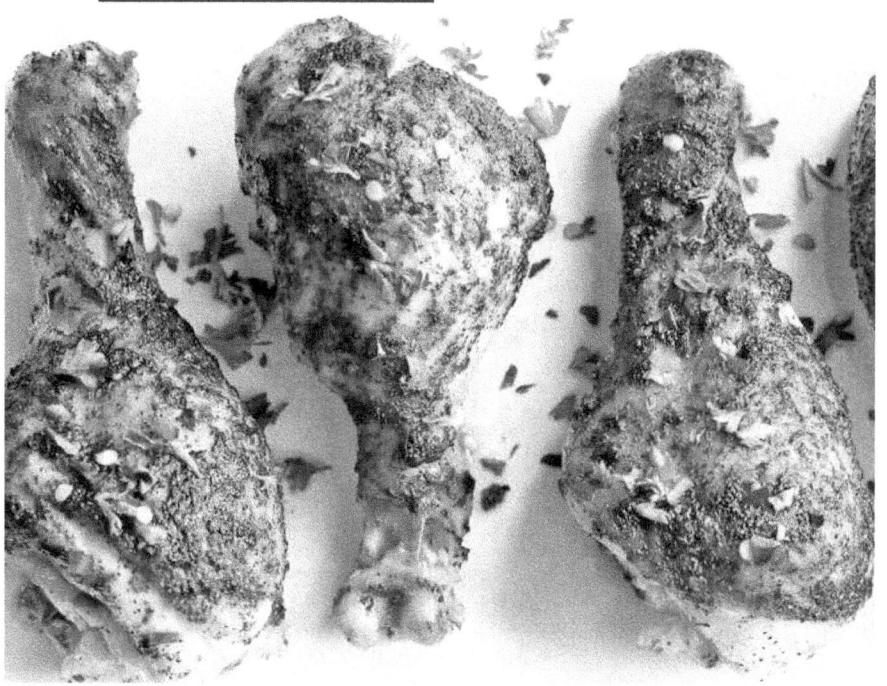

Porcijos: 6
Virimo laikas: 25 minutės
Ingridientai:
6 vištienos kojos
4 stiklinės baltų miltų
2 puodeliai pasukų
2 arbatinius šaukštelius svogūnų miltelių
2 arbatinius šaukštelius česnako miltelių
2 arbatiniai šaukšteliai paprikos
2 arbatiniai šaukšteliai maltų kmynų
Druska ir juodieji pipirai, pagal skonį
2 šaukštai alyvuogių aliejaus

Nurodymai:
Paimkite dubenį, sudėkite vištienos kojeles ir pasukas. Šaldykite apie 2 valandas.
Paimkite kitą dubenį, sumaišykite miltus ir prieskonius.
Vištienos kojeles išimkite iš pasukų ir aptepkite miltų mišiniu.
Darykite tai dar kartą, kol turėsime ploną dangą.
Įjunkite „Ninja Foodi" skaitmeninę oro gruzdintuvo orkaitę ir pasukite rankenėlę, kad pasirinktumėte „Air Fry".
Pasirinkite laikmatį maždaug 20–25 minutėms ir 360 °F temperatūrą.
Oro kepimo krepšelį patepkite riebalais ir ant jo išdėliokite vištienos kojeles.
Išimkite, kai vištienos kojos bus pakankamai rudos, ir patiekite ant lėkštės.

64. Žolelių vištienos šlaunelės

Porcijos: 4
Virimo laikas: 20 minučių
Ingridientai:
½ šaukšto šviežio rozmarino, malto
½ šaukšto šviežių čiobrelių, maltų
Druska ir malti juodieji pipirai pagal poreikį
4 vištienos šlaunelės
2 šaukštai alyvuogių aliejaus

Nurodymai:
Į didelį dubenį suberkite žoleles, druską, juoduosius pipirus ir gerai išmaišykite.
Vištienos šlauneles aptepkite aliejumi ir įtrinkite žolelių mišiniu.
Vištienos šlauneles išdėliokite ant riebalais išteptos SearPlate.
Paspauskite Ninja Foodi skaitmeninės oro gruzdintuvės orkaitės mygtuką AIR OVEN MODE ir pasukite ratuką, kad pasirinktumėte „Air Fry" režimą.
Paspauskite TIME/SLICES mygtuką ir dar kartą pasukite rankenėlę, kad nustatytumėte gaminimo laiką į 20 minučių.
Dabar paspauskite mygtuką TEMP/SHADE ir pasukite ratuką, kad nustatytumėte 400 °F temperatūrą.
Norėdami pradėti, paspauskite mygtuką „Start/Stop".
Kai prietaisas pypsi, kad parodytų, kad jis įkaitintas, atidarykite orkaitės dureles ir įdėkite SearPlate į orkaitę.
Vieną kartą įpusėjus vištienos šlauneles apverskite.
Pasibaigus kepimo laikui, atidarykite orkaitės dureles ir patiekite karštą.

65. Vištiena su pomidorais

Porcijos: 4
Virimo laikas: 15 minučių
Ingridientai:
1 svaras vištienos šlaunelių
3 šaukštai alyvuogių aliejaus
1 puodelis vynuoginių pomidorų
1/2 šaukštelio čili miltelių
Pipirai
Druska

Nurodymai:
Pasirinkite kepimo ore režimą, nustatykite temperatūrą iki 400 °F ir laikmatį nustatykite į 15 minučių. Norėdami pašildyti, paspauskite nustatymo ratuką.
Dubenyje sumaišykite vištienos šlauneles su aliejumi, čili milteliais, pomidorais, pipirais ir druska.
Sudėkite vištieną ir pomidorus į oro gruzdintuvės krepšelį.
Kai įrenginys bus įkaitintas, atidarykite dureles, padėkite oro gruzdintuvės krepšį viršutiniame orkaitės lygyje ir uždarykite dureles.
Patiekite ir mėgaukitės.

66. Itališka vištienos krūtinėlė

Porcijos: 8
Virimo laikas: 45 minutės
Ingridientai:
8 vištienos krūtinėlės be odos ir be kaulų
3 uncijos fetos sūrio, susmulkinto
1 valgomasis šaukštas raudonėlio
4 šaukštai šviežių citrinų sulčių
Pipirai
Druska

Nurodymai:
Sudėkite vištieną į kepimo indą.
Sumaišykite likusius ingredientus ir užpilkite ant vištienos.
Pasirinkite kepimo režimą, tada nustatykite 350 °F temperatūrą ir laiką 45 minutes. Paspauskite pradėti.
Kai „Ninja Foodi Digital Air Fryer Oven" orkaitė bus įkaitinta, įdėkite kepimo indą į orkaitę.
Patiekite ir mėgaukitės.

67. Parmezano plutos vištienos krūtinėlės

Porcijos: 4
Virimo laikas: 15 minučių
Ingridientai:
2 didelės vištienos krūtinėlės
1 puodelis majonezo
1 puodelis parmezano sūrio, susmulkinto
1 puodelis panko džiūvėsėlių

Nurodymai:
Kiekvieną vištienos krūtinėlę perpjaukite per pusę, o tada mėsos plaktuku susmulkinkite kiekvieną tolygiu storiu.
Kiekvieno vištienos gabalėlio abi puses tolygiai ištepkite majonezu.
Sekliame dubenyje sumaišykite parmezaną ir džiūvėsėlius.
Vištienos gabaliuką tolygiai aptepkite parmezano mišiniu.
Paspauskite Ninja Foodi skaitmeninės oro gruzdintuvės orkaitės mygtuką AIR OVEN MODE ir pasukite ratuką, kad pasirinktumėte „Air Fry" režimą.
Paspauskite TIME/SLICES mygtuką ir dar kartą pasukite rankenėlę, kad nustatytumėte gaminimo laiką į 15 minučių.
Dabar paspauskite TEMP/SHADE mygtuką ir pasukite ratuką, kad nustatytumėte 390 °F temperatūrą.
Norėdami pradėti, paspauskite mygtuką „Start/Stop".
Kai prietaisas pypsi, kad parodytų, kad jis įkaitintas, atidarykite orkaitės dureles.
Vištienos gabalėlius išdėliokite į riebalais išteptą kepimo krepšį ir pašaukite į orkaitę.
Po 10 minučių kepimo vištienos gabaliukus vieną kartą apverskite.
Pasibaigus kepimo laikui, atidarykite orkaitės dureles ir patiekite karštą.

68. Sojoje troškinti vištienos sparneliai

Porcijos: 6
Virimo laikas: 1 valanda 30 minučių
Ingridientai:
3 puodeliai sojos padažo
2 šaukštai malto šviežio imbiero
6 česnako skiltelės, susmulkintos
2 šaukštai tamsiai rudojo cukraus
¼ puodelio ryžių vyno
1 valgomasis šaukštas kiniškų penkių prieskonių miltelių
3 svogūnai, baltos ir žalios dalys, susmulkinti
2 šaukštai sezamo aliejaus
3 svarai vištienos sparnelių

Nurodymai:
Dideliame dubenyje suplakite sojos padažą, imbierą, česnaką, rudąjį cukrų, ryžių vyną, penkių prieskonių miltelius, laiškinius svogūnus ir sezamo aliejų.
Vištienos sparnelius sudėkite į troškinimo indą.
Marinatu tolygiai užpilkite sparnelius.
Uždenkite indą plastikine plėvele ir laikykite šaldytuve bent 30 minučių, bet geriausia 6 valandas.
„Ninja Foodi Digital Air Fryer" orkaitėje pasirinkite „AIR ROAST".
Nustatykite 300 °F temperatūrą ir nustatykite laiką į 1 valandą 30 minučių.
Paspauskite „START/PAUSE", kad pradėtumėte pašildymą.
Kai įrenginys įkais, išpakuokite indą ir padėkite jį ant grotelių viduje.
Norėdami pradėti gaminti, uždarykite orkaitės dureles.
Baigę virti, patiekite vištienos sparnelius į troškinimo indą.

69. Aštrios vištienos kulšelės

Porcijos: 4
Virimo laikas: 30 minučių
Ingridientai:
2 svarai vištienos kulšelių
2 šaukštai alyvuogių aliejaus
1 1/2 šaukštelio karšto padažo
1 šaukštelis paprika
1 valgomasis šaukštas pomidorų pastos
2 šaukštai acto
Pipirai
Druska

Nurodymai:
Sudėkite visus ingredientus į didelį maišymo dubenį ir gerai išplakite.
Vištienos blauzdeles perkelkite į kepimo indą.
Pasirinkite kepimo režimą, tada nustatykite 450 °F temperatūrą ir laiką 30 minučių. Paspauskite pradėti.
Kai „Ninja Foodi Digital Air Fryer Oven" orkaitė bus įkaitinta, įdėkite kepimo indą į orkaitę.
Patiekite ir mėgaukitės.

70. Saldžiarūgščios vištienos šlaunelės

Porcijos: 1
Virimo laikas: 20 minučių
Ingridientai:
¼ šaukšto sojos padažo
¼ šaukšto ryžių acto
½ arbatinio šaukštelio cukraus
½ česnako, susmulkinto
½ svogūno, smulkiai pjaustytų
¼ puodelio kukurūzų miltų
1 vištienos šlaunelė be odos ir kaulų
Druska ir juodieji pipirai, pagal skonį

Nurodymai:
Paimkite dubenį ir sumaišykite visus ingredientus, išskyrus vištienos ir kukurūzų miltus.
Į dubenį įdėkite vištienos šlaunelę, kad gerai pasidengtų.
Paimkite kitą dubenį ir suberkite kukurūzų miltus.
Vištienos šlauneles išimkite iš marinato ir lengvai apibarstykite kukurūzų miltais.
Įjunkite „Ninja Foodi" skaitmeninę oro gruzdintuvo orkaitę ir pasukite rankenėlę, kad pasirinktumėte „Air Fry".
Pasirinkite laikmatį maždaug 10 minučių ir 390 °F temperatūrą.
Sutepkite kepimo krepšį ir sudėkite vištienos šlauneles į paruoštą krepšelį.
Kepkite ore apie 10 minučių, o tada dar iki 10 minučių 355 ° F temperatūroje.
Išimkite iš orkaitės ir patiekite ant lėkštės.
Patiekite karštą ir mėgaukitės!

71. Špinatų vištiena

Porcijos: 2
Virimo laikas: 20 minučių
Ingridientai:
2 vištienos krūtinėlės be kaulų ir odos
1/4 puodelio saulėje džiovintų pomidorų, supjaustytų
2 puodeliai šviežių špinatų, pjaustytų ir virti
1/4 puodelio čederio sūrio, susmulkinto
3 uncijos grietinėlės sūrio
Pipirai
Druska

Nurodymai:
Vištienos krūtinėles perpjaukite per pusę ir sudėkite į kepimo indą. Pagardinkite pipirais ir druska.
Dubenyje sumaišykite špinatus, česnako miltelius, pomidorus, čederio sūrį ir kreminį sūrį.
Špinatų mišinį užtepkite ant vištienos.
Pasirinkite kepimo režimą, tada nustatykite temperatūrą iki 425 °F ir 20 minučių. Paspauskite pradėti.
Kai „Ninja Foodi Digital Air Fryer Oven" orkaitė bus įkaitinta, įdėkite kepimo indą į orkaitę.
Patiekite ir mėgaukitės.

72. Citrinų-laimų vištiena

Porcijos: 2
Virimo laikas: 20 minučių
Ingridientai:
2 šaukštai augalinio aliejaus
2 šaukštai laimo sulčių
¼ puodelio citrinos sulčių
2 vištienos krūtinėlės puselės be odos, be kaulų
Itališki prieskoniai pagal skonį
Druska pagal skonį

Nurodymai:
Paimkite didelį dubenį ir supilkite citrinos sultis, laimo sultis ir aliejų.
Įdėkite vištieną į mišinį ir šaldykite bent valandą.
Įjunkite „Ninja Foodi" skaitmeninę oro gruzdintuvą ir pasukite rankenėlę, kad pasirinktumėte „Broil".
Paimkite „SearPlate".
Vištieną išdėliokite ant SearPlate ir pagardinkite itališkais prieskoniais bei druska.
Kepkite vištieną 10 minučių ir nustatykite žemesnę temperatūrą.
Vištieną apverskite, dar kartą pagardinkite ir kepkite dar 10 minučių.
Patiekite šiltą ir mėgaukitės!

73. Traškios vištienos kulšelės

Porcijos: 4
Virimo laikas: 25 minutės
Ingridientai:
4 vištienos kulšelės
1 valgomasis šaukštas adobo prieskonių
Druska, pagal poreikį
1 valgomasis šaukštas svogūnų miltelių
1 valgomasis šaukštas česnako miltelių
½ šaukšto paprikos
Malti juodieji pipirai pagal poreikį
2 kiaušiniai
2 šaukštai pieno
1 puodelis universalių miltų
¼ puodelio kukurūzų krakmolo

Nurodymai:
Vištienos blauzdeles pagardinkite adobo prieskoniais ir žiupsneliu druskos.
Atidėkite maždaug 5 minutėms.
Į nedidelį dubenį suberkite prieskonius, druską, juoduosius pipirus ir gerai išmaišykite.
Į negilų dubenį įmuškite kiaušinius, pieną ir 1 arbatinį šaukštelį prieskonių mišinio ir plakite, kol gerai susimaišys.
Į kitą negilų dubenį suberkite miltus, kukurūzų krakmolą ir likusį prieskonių mišinį.
Vištienos blauzdeles aptepkite miltų mišiniu ir nuvalykite perteklių.
Dabar pamirkykite vištienos blauzdeles kiaušinių mišinyje.
Vištienos blauzdeles vėl aptepkite miltų mišiniu.
Vištienos blauzdeles išdėliokite ant grotelėmis išklotos kepimo skardos ir atidėkite maždaug 15 minučių.
Dabar išdėliokite vištienos blauzdeles ant SearPlate ir lengvai apipurkškite vištieną kepimo purškikliu.

Paspauskite Ninja Foodi skaitmeninės oro gruzdintuvės orkaitės mygtuką AIR OVEN MODE ir pasukite ratuką, kad pasirinktumėte „Air Fry" režimą.

Paspauskite TIME/SLICES mygtuką ir dar kartą pasukite rankenėlę, kad nustatytumėte gaminimo laiką į 25 minutes.

Dabar paspauskite TEMP/SHADE mygtuką ir pasukite ratuką, kad nustatytumėte 350 °F temperatūrą.

Norėdami pradėti, paspauskite mygtuką „Start/Stop".

Kai prietaisas pypsi, kad parodytų, kad jis įkaitintas, atidarykite orkaitės dureles ir sutepkite orkaitės kepimo krepšį.

Vištienos blauzdeles sudėkite į paruoštą oro kepimo krepšį ir įdėkite į orkaitę.

Pasibaigus kepimo laikui, atidarykite orkaitės dureles ir patiekite karštą.

74. Keptos vištienos šlaunelės

Porcijos: 6
Virimo laikas: 35 minutės
Ingridientai:
6 vištienos šlaunelės
1 valgomasis šaukštas alyvuogių aliejaus
Dėl trynimo:
1/2 šaukštelio pipirų
1 šaukštelis česnako miltelių
1 šaukštelis svogūnų miltelių
1/2 šaukštelio baziliko
1/2 šaukštelio raudonėlio
1/2 šaukštelio druskos

Nurodymai:
Padėkite lentyną į apatinę padėtį ir uždarykite dureles. Pasirinkite kepimo režimą, nustatykite 390 °F temperatūrą ir laikmatį iki 35 minučių. Norėdami pašildyti, paspauskite nustatymo ratuką.
Vištienos šlauneles aptepkite alyvuogių aliejumi.
Nedideliame dubenyje sumaišykite ingredientus ir įtrinkite visą vištieną.
Išdėliokite vištieną kepimo formoje.
Kai įrenginys bus įkaitintas, atidarykite dureles, padėkite kepimo indą ant grotelių vidurio ir uždarykite dureles.
Patiekite ir mėgaukitės.

75. Vištienos kepsnys

Porcijos: 2
Virimo laikas: 25 minutės
Ingridientai:
1 svaras vištienos krūtinėlės supjaustytos kubeliais
2 raudonos paprikos, plonais griežinėliais
½ geltonosios paprikos, smulkiai supjaustytos
2 apelsinų paprika, plonais griežinėliais
1 morka, plonais griežinėliais
¼ puodelio mix fry padažo
¼ puodelio kukurūzų, nusausintų
½ stiklinės brokolių, supjaustytų žiedynais
2 arbatiniai šaukšteliai sezamo sėklų papuošimui
alyvos purškiklis tepimui

Nurodymai:
Paimkite dubenį ir į dubenį sudėkite vištieną, paprikas, kukurūzus, brokolius ir morkas.
Naudokite aliejaus purškiklį, kad ingredientą pateptumėte aliejumi.
Sudėkite ingredientus į nindzių skardą.
Įjunkite „AIR ROAST" savo „Ninja Foodi Digital Air Fryer" orkaitėje.
Nustatykite laikmatį į 25 minutes 400 °F temperatūroje.
Papuoškite sezamo sėklomis ir išmaišykite padažu.

76. Medaus garstyčių vištiena

Porcijos: 6
Virimo laikas: 40 minučių
Ingridientai:
6 vištienos šlaunelės su kaulais ir oda
1/2 stiklinės medaus
1/4 puodelio geltonųjų garstyčių
Pipirai
Druska

Nurodymai:
Padėkite lentyną į apatinę padėtį ir uždarykite dureles. Pasirinkite kepimo režimą, nustatykite 350 °F temperatūrą ir laikmatį į 40 minučių. Norėdami pašildyti, paspauskite nustatymo ratuką.
Pagardinkite vištieną pipirais ir druska ir sudėkite į kepimo indą.
Sumaišykite geltonąsias garstyčias ir medų ir užpilkite ant vištienos.
Kai įrenginys bus įkaitintas, atidarykite dureles, padėkite kepimo indą ant grotelių vidurio ir uždarykite dureles.
Patiekite ir mėgaukitės.

77. Vištienos kabobai

Porcijos: 2
Virimo laikas: 9 minutės
Ingridientai:
1 vištienos krūtinėlė, supjaustyta vidutinio dydžio gabalėliais
1 valgomasis šaukštas šviežių citrinų sulčių
3 česnako skiltelės, sutarkuotos
1 valgomasis šaukštas šviežio raudonėlio, malto
½ arbatinio šaukštelio citrinos žievelės, tarkuotos
Druska ir malti juodieji pipirai pagal poreikį
1 arbatinis šaukštelis paprasto graikiško jogurto
1 arbatinis šaukštelis alyvuogių aliejaus

Nurodymai:
Į didelį dubenį sudėkite vištieną, citrinos sultis, česnaką, raudonėlį, citrinos žievelę, druską ir juoduosius pipirus ir išmaišykite, kad gerai pasidengtų.
Uždenkite dubenį ir šaldykite per naktį.
Išimkite dubenį iš šaldytuvo ir įmaišykite jogurtą bei aliejų.
Vištienos gabalėlius suverkite ant metalinių iešmelių.
Paspauskite Ninja Foodi skaitmeninės oro gruzdintuvės orkaitės mygtuką AIR OVEN MODE ir pasukite ratuką, kad pasirinktumėte „Air Fry" režimą.
Paspauskite TIME/SLICES mygtuką ir dar kartą pasukite rankenėlę, kad nustatytumėte gaminimo laiką į 9 minutes.
Dabar paspauskite TEMP/SHADE mygtuką ir pasukite ratuką, kad nustatytumėte 350 °F temperatūrą.
Norėdami pradėti, paspauskite mygtuką „Start/Stop".
Kai prietaisas pypsi, kad parodytų, kad jis įkaitintas, atidarykite orkaitės dureles ir sutepkite orkaitės kepimo krepšį.
Įdėkite iešmelius į paruoštą oro kepimo krepšį ir įkiškite į orkaitę.
Vieną kartą įpusėjus apverskite iešmelius.
Pasibaigus kepimo laikui, atidarykite orkaitės dureles ir patiekite karštą.

78. Traškiai kepta vištiena

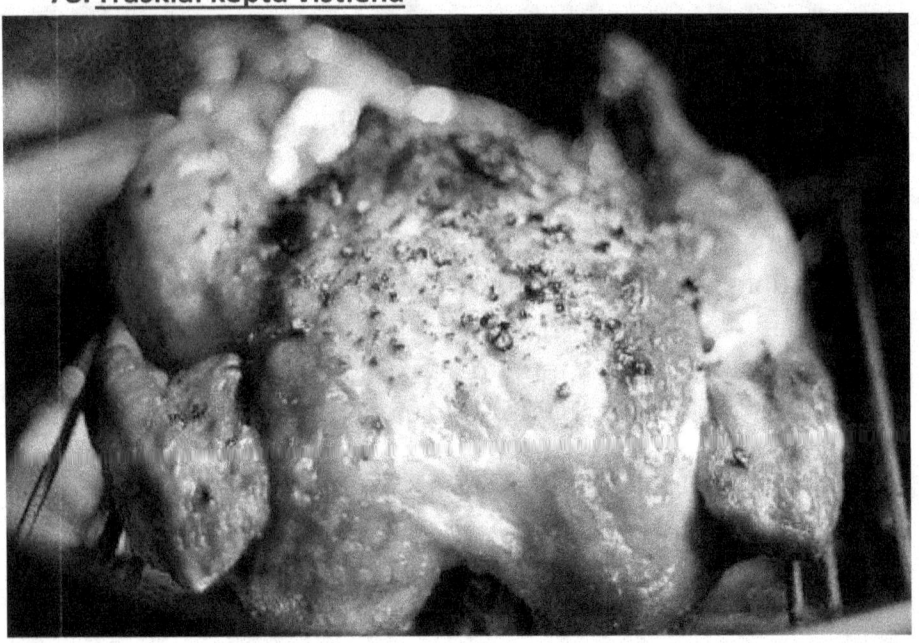

Porcijos: 8
Virimo laikas: 40 minučių
Ingridientai:
1 visa vištiena, supjaustyta į 8 dalis
Druska ir malti juodieji pipirai pagal poreikį
2 puodeliai pasukų
2 puodeliai universalių miltų
1 valgomasis šaukštas maltų garstyčių
1 valgomasis šaukštas česnako miltelių
1 valgomasis šaukštas svogūnų miltelių
1 valgomasis šaukštas paprikos

Nurodymai:
Vištienos gabaliukus įtrinkite druska ir juodaisiais pipirais.
Į didelį dubenį sudėkite vištienos gabalėlius ir pasukas ir laikykite šaldytuve, kad pasimarinuotų bent 1 val.
Tuo tarpu į didelį dubenį suberkite miltus, garstyčias, prieskonius, druską ir juoduosius pipirus ir gerai išmaišykite.
Vištienos gabalėlius išimkite iš dubens ir nuvarvinkite pasukų perteklių.
Vištienos gabalėlius apibarstykite miltų mišiniu, nukratydami perteklių.
Paspauskite Ninja Foodi skaitmeninės oro gruzdintuvės orkaitės mygtuką AIR OVEN MODE ir pasukite ratuką, kad pasirinktumėte „Air Fry" režimą.
Paspauskite TIME/SLICES mygtuką ir dar kartą pasukite rankenėlę, kad nustatytumėte gaminimo laiką į 20 minučių.
Dabar paspauskite TEMP/SHADE mygtuką ir pasukite ratuką, kad nustatytumėte 390 °F temperatūrą.
Norėdami pradėti, paspauskite mygtuką „Start/Stop".
Kai prietaisas pypsi, kad parodytų, kad jis yra įkaitęs, atidarykite orkaitės dureles ir sutepkite oro kepimo krepšį.
Pusę vištienos gabalėlių išdėliokite į oro kepimo krepšį ir pašaukite į orkaitę.
Pakartokite su likusiais vištienos gabalėliais.
Pasibaigus kepimo laikui, atidarykite orkaitės dureles ir nedelsdami patiekite.

79. Imbierinės vištienos kulšelės

Porcijos: 3
Virimo laikas: 25 minutės
Ingridientai:
¼ puodelio riebaus kokosų pieno
2 arbatiniai šaukšteliai šviežio imbiero, susmulkinto
2 arbatiniai šaukšteliai galangalo, susmulkinti
2 arbatiniai šaukšteliai maltos ciberžolės
Druska, pagal poreikį
3 vištienos kulšelės

Nurodymai:
Į didelį dubenį sudėkite kokosų pieną, galangalą, imbierą ir prieskonius ir gerai išmaišykite.
Sudėkite vištienos blauzdeles ir gausiai aptepkite marinatu.
Padėkite į šaldytuvą, kad pasimarinuotų bent 6-8 valandas.
Paspauskite Ninja Foodi skaitmeninės oro gruzdintuvės orkaitės mygtuką AIR OVEN MODE ir pasukite ratuką, kad pasirinktumėte „Air Fry" režimą.
Paspauskite TIME/SLICES mygtuką ir dar kartą pasukite rankenėlę, kad nustatytumėte gaminimo laiką į 25 minutes.
Dabar paspauskite TEMP/SHADE mygtuką ir pasukite ratuką, kad nustatytumėte 375 °F temperatūrą.
Norėdami pradėti, paspauskite mygtuką „Start/Stop".
Kai prietaisas pypsi, kad parodytų, kad jis įkaitintas, atidarykite orkaitės dureles ir sutepkite orkaitės kepimo krepšį.
Vištienos blauzdeles sudėkite į paruoštą oro kepimo krepšį ir įdėkite į orkaitę.
Pasibaigus kepimo laikui, atidarykite orkaitės dureles ir patiekite karštą.

80. Vištienos gabalėliai

Porcijos: 6
Virimo laikas: 10 minučių
Ingridientai:
2 didelės vištienos krūtinėlės, supjaustytos kubeliais
1 puodelis džiūvėsėlių
⅓ šaukšto parmezano sūrio, susmulkinto
1 arbatinis šaukštelis svogūnų miltelių
¼ arbatinio šaukštelio rūkytos paprikos
Druska ir malti juodieji pipirai pagal poreikį

Nurodymai:
Į didelį perparduodamą maišelį sudėkite visus ingredientus.
Uždarykite maišelį ir gerai suplakite, kad gerai pasidengtų.
Pasirinkite „AIR FRY" funkciją savo „Ninja Foodi" skaitmeninėje oro gruzdintuvėje orkaitėje.
Paspauskite „Temp" mygtuką ir ratuku nustatykite 400 °F temperatūrą ir 10 minučių kepimo laiką.
Norėdami pradėti, paspauskite mygtuką „START/PAUSE".
Išdėliokite grynuolius į „Air Crisp" krepšelį ir įdėkite į orkaitę.
Pasibaigus gaminimo laikui, atidarykite dureles ir perkelkite grynuolius ant lėkštės.
Patiekite šiltą.

81. Traški sūrio vištiena

Porcijos: 4
Virimo laikas: 35 minutės
Ingridientai:
4 vištienos krūtinėlės
¼ puodelio alyvuogių aliejaus
1 puodelis džiūvėsėlių
1 puodelis parmezano sūrio, susmulkinto
¼ arbatinio šaukštelio česnako miltelių
¼ arbatinio šaukštelio itališkų prieskonių
Druska ir pipirai pagal skonį

Nurodymai:
Pagardinkite vištieną pipirais, druska ir aptepkite alyvuogių aliejumi.
Sekliame inde sumaišykite parmezano sūrį, česnako miltelius, itališkus prieskonius ir džiūvėsėlius.
Vištieną aptepkite parmezano ir džiūvėsėlių mišiniu ir sudėkite į kepimo indą.
Įdėkite groteles į „Ninja Foodi Digital Air Fryer" orkaitę.
Pasirinkite „KEPIMO" režimą, nustatykite temperatūrą iki 350 °F ir nustatykite laiką iki 35 minučių. Paspauskite start, kad pradėtumėte pašildymą.
Kai „Ninja Foodi" skaitmeninė oro gruzdintuvė orkaitė bus įkaitinta, padėkite kepimo indą ant grotelių ir uždarykite orkaitės dureles, kad pradėtumėte gaminti. Virkite 35 minutes.
Patiekite ir mėgaukitės.

82. Imbierinės vištienos kulšelės

Porcijos: 6
Virimo laikas: 25 minutės
Ingridientai:
4 arbatiniai šaukšteliai šviežio imbiero, malto
4 arbatiniai šaukšteliai galangalo, susmulkinti
½ puodelio riebaus kokosų pieno
4 arbatiniai šaukšteliai maltos ciberžolės
Druska, pagal skonį
6 vištienos kulšelės

Nurodymai:
Paimkite dubenį ir sumaišykite galangalą, imbierą, kokosų pieną ir prieskonius.
Į dubenį įdėkite vištienos blauzdeles, kad jos gerai pasidengtų.
Šaldykite mažiausiai 6–8 valandas.
Įjunkite „Ninja Foodi" skaitmeninę oro gruzdintuvo orkaitę ir pasukite rankenėlę, kad pasirinktumėte „Air Fry".
Pasirinkite laikmatį maždaug 20–25 minutėms ir 375 °F temperatūrą.
Sutepkite orinį kepimo krepšį ir įdėkite blauzdeles į paruoštą krepšį.
Išimkite iš orkaitės ir patiekite ant lėkštės.
Patiekite karštą ir mėgaukitės!

83. Kreminis vištienos troškinys

Porcijos: 4
Virimo laikas: 47 minutės.
Ingridientai:
Vištienos grybų užkepėlė
2 ½ svaro vištienos krūtinėlės, supjaustytos juostelėmis
1 ½ šaukštelio druskos
¼ arbatinio šaukštelio juodųjų pipirų
1 puodelis universalių miltų
6 šaukštai alyvuogių aliejaus
1 svaras baltųjų grybų, supjaustytų griežinėliais
1 vidutinio dydžio svogūnas, supjaustytas kubeliais
3 česnako skiltelės, susmulkintos
Padažas
3 šaukštai nesūdyto sviesto
3 šaukštai universalių miltų
½ puodelio pieno, neprivaloma
1 stiklinė vištienos sultinio, neprivaloma
1 valgomasis šaukštas citrinos sulčių
1 puodelis pusės ir pusės grietinėlės

Nurodymai:
Troškinimo indą ištepkite sviestu ir apkepkite vištieną su grybais ir visais troškinio ingredientais.
Paruoškite padažą tinkamoje keptuvėje. Įdėkite sviestą ir ištirpinkite ant vidutinės ugnies.
Įmaišykite universalius miltus ir gerai išplakite 2 minutes, tada supilkite pieną, vištienos sultinį, citrinos sultis ir grietinėlę.
Gerai išmaišykite ir šiuo kreminiu baltu padažu užpilkite vištienos mišinį SearPlate.
Perkelkite „SearPlate" į „Ninja Foodi" skaitmeninę oro gruzdintuvą ir uždarykite dureles.
Sukdami ratuką pasirinkite režimą „Kepimas".
Paspauskite mygtuką TIME/SLICES ir pakeiskite reikšmę į 45 minutes.
Paspauskite TEMP/SHADE mygtuką ir pakeiskite reikšmę į 350 °F.
Norėdami pradėti gaminti, paspauskite Start/Stop.
Patiekite šiltą.

84. Ananasų vištiena

Porcijos: 4
Virimo laikas: 18 minučių
Ingridientai:
2 svarai vištienos šlaunelių, be kaulų
1/4 puodelio ananasų sulčių
1/4 puodelio sojos padažo
1/4 puodelio kečupo
3/4 šaukštelio česnako, susmulkinto
1/4 šaukštelio malto imbiero
1/2 stiklinės rudojo cukraus

Nurodymai:
Pasirinkite kepimo ore režimą, nustatykite temperatūrą iki 360 °F ir laikmatį nustatykite į 18 minučių. Norėdami pašildyti, paspauskite nustatymo ratuką.
Į maišelį su užtrauktuku sudėkite vištieną, česnaką, imbierą, ananasų sultis, sojų padažą, kečupą ir rudąjį cukrų. Uždarykite maišelį ir padėkite į šaldytuvą 2 valandoms.
Išimkite vištieną iš marinato ir sudėkite į oro gruzdintuvės krepšelį.
Kai įrenginys bus įkaitintas, atidarykite dureles, padėkite oro gruzdintuvės krepšį viršutiniame orkaitės lygyje ir uždarykite dureles.
Patiekite ir mėgaukitės.

85. Žolelių sviesto vištiena

Porcijos: 2
Virimo laikas: 15 minučių
Ingridientai:
1½ skiltelės česnako, susmulkintos
½ arbatinio šaukštelio džiovintų petražolių
⅛ arbatinio šaukštelio džiovinto rozmarino
⅛ arbatinio šaukštelio džiovintų čiobrelių
2 vištienos krūtinėlės puselės be odos, be kaulų
¼ puodelio sviesto, suminkštinto

Nurodymai:
Įjunkite „Ninja Foodi" skaitmeninę oro gruzdintuvą ir pasukite rankenėlę, kad pasirinktumėte „Broil".
Uždenkite „SearPlate" aliuminio folija ir padėkite ant jos vištieną.
Paimkite nedidelį dubenį ir sumaišykite petražoles, rozmarinus, čiobrelius, sviestą ir česnaką.
Gautą mišinį paskleiskite ant vištienos.
Kepkite orkaitėje, padengtą sviestu ir žolelėmis, mažiausiai 30 minučių ant silpnos ugnies.
Patiekite šiltą ir mėgaukitės!

86. Oranžinė vištiena

Porcijos: 4
Virimo laikas: 35 minutės
Ingridientai:
4 vištienos krūtinėlės be odos
1 šaukštelis rozmarinas, susmulkintas
1/4 puodelio apelsinų sulčių
1/2 šaukštelio alyvuogių aliejaus
Pipirai
Druska

Nurodymai:
Vištieną įtrinkite česnaku ir aliejumi. Pagardinkite rozmarinais ir pipirais.
Į kepimo indą įdėkite vištieną. Aplink vištieną užpilkite apelsinų sulčių.
Pasirinkite kepimo režimą, tada nustatykite 450 °F temperatūrą ir 35 minutes. Paspauskite pradėti.
Kai „Ninja Foodi Digital Air Fryer Oven" orkaitė bus įkaitinta, įdėkite kepimo indą į orkaitę.
Patiekite ir mėgaukitės.

87. Cajun kepta vištienos krūtinėlė

Porcijos: 2
Virimo laikas: 20 minučių
Ingridientai:
1 svaras vištienos krūtinėlės, nevirta ir be odos
2 šaukštai aliejaus, padalinti
2 šaukštai Cajun prieskonių
3 saldžiosios bulvės, nuluptos, supjaustytos kubeliais
1 puodelis brokolių, supjaustytų žiedynais
Druska ir juodieji pipirai pagal skonį

Nurodymai:
Paimkite dubenį ir įpilkite aliejaus bei Cajun prieskonių. Įtrinkite vištienos krūtinėlę.
Įdėkite vištieną į „Ninja Foodie" keptuvę kartu su brokoliais ir saldžiosiomis bulvėmis. Ant viršaus pabarstykite druska ir juodaisiais pipirais.
Įjunkite „Ninja Foodi Digital Air Fryer Oven" ir „Ninja Foodi Digital Air Fryer" orkaitėje pasirinkite „AIR ROAST".
Nustatykite laikmatį į 20 minučių ir 400 °F temperatūrą.
Kai pašildysite, įdėkite vištienos keptuvę į orkaitę.
Kai vištienos vidaus temperatūra pasieks 165 °F, patiekite ją ir mėgaukitės.

88. Skanūs vištienos sparneliai

Porcijos: 6
Virimo laikas: 12 minučių
Ingridientai:
6 vištienos sparneliai
1/2 šaukštelio raudonųjų čili dribsnių
1 valgomasis šaukštas medaus
2 šaukštai Worcestershire padažo
Pipirai
Druska

Nurodymai:
Į dubenį sudėkite visus ingredientus, išskyrus vištienos sparnelius, ir gerai išmaišykite.
Vištienos sparnelius išdėliokite oro gruzdintuvės krepšelyje.
Pasirinkite kepti ore, tada nustatykite temperatūrą iki 350 °F ir 12 minučių. Paspauskite pradėti.
Kai „Ninja Foodi" skaitmeninė oro gruzdintuvė orkaitė bus įkaitinta, įdėkite krepšelį į viršutinius orkaitės bėgius.
Patiekite ir mėgaukitės.

89. Kiniškos vištienos kulšelės

Porcijos: 4
Virimo laikas: 20 minučių
Ingridientai:
1 valgomasis šaukštas austrių padažo
1 arbatinis šaukštelis šviesaus sojų padažo
½ arbatinio šaukštelio sezamo aliejaus
1 arbatinis šaukštelis kiniškų penkių prieskonių miltelių
Druska ir malti baltieji pipirai pagal poreikį
4 vištienos kulšelės
1 puodelis kukurūzų miltų

Nurodymai:
Dubenyje sumaišykite padažus, aliejų, penkių prieskonių miltelius, druską ir juoduosius pipirus.
Sudėkite vištienos blauzdeles ir gausiai aptepkite marinatu.
Šaldykite bent 30-40 minučių.
Į negilų indą suberkite kukurūzų miltus.
Vištieną išimkite iš marinato ir lengvai apibarstykite kukurūzų miltais.
Paspauskite Ninja Foodi skaitmeninės oro gruzdintuvės orkaitės mygtuką AIR OVEN MODE ir pasukite ratuką, kad pasirinktumėte „Air Fry" režimą.
Paspauskite TIME/SLICES mygtuką ir dar kartą pasukite rankenėlę, kad nustatytumėte gaminimo laiką į 20 minučių.
Dabar paspauskite TEMP/SHADE mygtuką ir pasukite ratuką, kad nustatytumėte 390 °F temperatūrą.
Norėdami pradėti, paspauskite mygtuką „Start/Stop".
Kai prietaisas pypsi, kad parodytų, kad jis įkaitintas, atidarykite orkaitės dureles ir sutepkite orkaitės kepimo krepšį.
Vištienos blauzdeles sudėkite į paruoštą oro kepimo krepšį ir įdėkite į orkaitę.
Pasibaigus kepimo laikui, atidarykite orkaitės dureles ir patiekite karštą.

90. Skanūs vištienos kąsneliai

Porcijos: 4
Virimo laikas: 20 minučių
Ingridientai:
2 svarai vištienos šlaunelių, supjaustytų gabalėliais
2 šaukštai alyvuogių aliejaus
1/2 šaukštelio svogūnų miltelių
1/2 šaukštelio česnako miltelių
1/4 puodelio šviežių citrinų sulčių
1/4 šaukštelio baltųjų pipirų
Pipirai
Druska

Nurodymai:
Pasirinkite ore režimą, nustatykite temperatūrą iki 380 °F ir laikmatį nustatykite į 20 minučių. Norėdami pašildyti, paspauskite nustatymo ratuką.
Į didelį dubenį sudėkite vištienos gabaliukus ir likusius ingredientus ir gerai išmaišykite.
Uždenkite ir padėkite į šaldytuvą nakčiai.
Išdėliokite vištieną oro gruzdintuvės krepšelyje.
Kai įrenginys bus įkaitintas, atidarykite dureles, padėkite oro gruzdintuvės krepšį viršutiniame orkaitės lygyje ir uždarykite dureles.
Patiekite ir mėgaukitės.

91. Į šoninę apvyniotos vištienos krūtinėlės

Porcijos: 2
Virimo laikas: 35 minutės
Ingridientai:
2 vištienos krūtinėlės be kaulų, be odos
½ arbatinio šaukštelio rūkytos paprikos
½ arbatinio šaukštelio česnako miltelių
Druska ir malti juodieji pipirai pagal poreikį
4 plonos šoninės griežinėliai

Nurodymai:
Mėsos plaktuku supjaustykite kiekvieną vištienos krūtinėlę ¾ colio storio.
Dubenyje sumaišykite papriką, česnako miltelius, druską ir juoduosius pipirus.
Vištienos krūtinėles tolygiai įtrinkite prieskonių mišiniu.
Kiekvieną vištienos krūtinėlę apvyniokite šoninės juostelėmis.
Paspauskite Ninja Foodi skaitmeninės oro gruzdintuvės orkaitės mygtuką AIR OVEN MODE ir pasukite ratuką, kad pasirinktumėte „Air Fry" režimą.
Paspauskite TIME/SLICES mygtuką ir dar kartą pasukite rankenėlę, kad nustatytumėte gaminimo laiką į 35 minutes.
Dabar paspauskite mygtuką TEMP/SHADE ir pasukite ratuką, kad nustatytumėte 400 °F temperatūrą.
Norėdami pradėti, paspauskite mygtuką „Start/Stop".
Kai prietaisas pypsi, kad parodytų, kad jis įkaitintas, atidarykite orkaitės dureles.
Vištienos gabalėlius išdėliokite į riebalais išteptą kepimo krepšį ir pašaukite į orkaitę.
Pasibaigus kepimo laikui, atidarykite orkaitės dureles ir patiekite karštą.

92. Ore kepta vištienos filė

Porcijos: 6
Virimo laikas: 9 minutės
Ingridientai:
½ puodelio šviežio baziliko
¼ puodelio šviežios kalendros
1 valgomasis šaukštas alyvuogių aliejaus
1 arbatinis šaukštelis česnako, susmulkintas
1 svaras vištienos filė

Nurodymai:
Blenderiu sutrinkite šviežią kalendrą ir baziliką.
Įpilkite alyvuogių aliejaus ir malto česnako, gerai išmaišykite.
Supjaustykite filė vidutiniškai minkštais ir suberkite bazilikų mišinį ir išmaišykite.
Orkaitės orkaitės kepimo kameros apačioje išdėstykite lašinimo indą.
Įkaitinkite „Ninja Foodi" skaitmeninę oro gruzdintuvą iki 360 °F, naudodami „AIR FRY" režimą.
Įdėkite minkštimą į orkaitę ir kepkite 9 minutes. Gerai išmaišykite.
Baigę virti, leiskite jiems atvėsti ir patiekite.
Mėgautis!

93. Skani japoniška vištiena

Porcijos: 4
Virimo laikas: 10 minučių
Ingridientai:
1 1/2 svaro vištienos šlaunelių, be kaulų ir supjaustytų 2 colių gabalėliais
1 šaukštelis česnako, susmulkintas
1 šaukštelis rudojo cukraus
1 valgomasis šaukštas ryžių vyno acto
3 šaukštai sojos padažo
2 šaukšteliai imbiero, tarkuoto
1/2 puodelio kukurūzų krakmolo

Nurodymai:
Pasirinkite kepimo ore režimą, nustatykite temperatūrą iki 400 °F ir laikmatį nustatykite į 10 minučių. Norėdami pašildyti, paspauskite nustatymo ratuką.
Į maišymo dubenį supilkite vištieną, imbierą, česnaką, rudąjį cukrų, actą, sojų padažą ir gerai išmaišykite.
Uždenkite ir padėkite į šaldytuvą nakčiai.
Vištieną išimkite iš marinato ir apibarstykite kukurūzų krakmolu.
Išdėliokite vištieną oro gruzdintuvės krepšelyje.
Kai įrenginys bus įkaitintas, atidarykite dureles, padėkite oro gruzdintuvės krepšį viršutiniame orkaitės lygyje ir uždarykite dureles.
Patiekite ir mėgaukitės.

94. Vištienos pyragaičiai

Porcijos: 4
Virimo laikas: 25 minutės
Ingridientai:
1 kiaušinis
1 svaras maltos vištienos
2 puodeliai brokoliai, virti ir supjaustyti
1/2 puodelio džiūvėsėlių
1 1/2 puodelio mocarelos sūrio, susmulkinto
Pipirai
Druska

Nurodymai:
Sudėkite visus ingredientus į didelį dubenį ir maišykite, kol gerai susimaišys.
Iš mišinio padarykite nedidelius paplotėlius ir padėkite juos ant skardos.
Pasirinkite kepimo režimą, tada nustatykite 390 °F temperatūrą ir 25 minutes. Paspauskite pradėti.
Kai „Ninja Foodi" skaitmeninė oro gruzdintuvė orkaitė bus įkaitinta, įdėkite skardą į orkaitę.
Po 15 minučių apverskite pyragus.
Patiekite ir mėgaukitės.

95. Marinuota rančoje kepta vištiena

Porcijos: 1
Virimo laikas: 15 minučių
Ingridientai:
1 valgomasis šaukštas alyvuogių aliejaus
½ šaukšto raudonojo vyno acto
2 šaukštai sauso Ranch stiliaus padažo mišinio
1 vištienos krūtinėlės pusė be odos ir be kaulų

Nurodymai:
Paimkite dubenį ir sumaišykite padažo mišinį, aliejų ir actą.
Įdėkite vištieną ir išmaišykite, kad gerai apskrustų.
Šaldykite apie valandą.
Įjunkite „Ninja Foodi" skaitmeninę oro gruzdintuvą ir pasukite rankenėlę, kad pasirinktumėte „Broil".
Nustatykite laikmatį 15 minučių ir aukštą temperatūros lygį.
Paspauskite Start/Stop mygtuką, kad pradėtumėte pašildymą.
Kai prietaisas pypsi, tai reiškia, kad jis pašildytas, padėkite vištieną ant SearPlate ir kepkite apie 15 minučių, kol vištiena iškeps.
Patiekite šiltą ir mėgaukitės!

96. Citrinų pipirų kepta vištiena

Porcijos: 4
Virimo laikas: 30 minučių
Ingridientai:
4 vištienos krūtinėlės be odos ir be kaulų
1 šaukštelis citrininių pipirų prieskonių
4 šaukšteliai citrinos sulčių
4 šaukštai sviesto, supjaustyti
1/2 šaukštelio paprikos
1 šaukštelis česnako miltelių
Pipirai
Druska

Nurodymai:
Padėkite lentyną į apatinę padėtį ir uždarykite dureles. Pasirinkite kepimo režimą, nustatykite 350 °F temperatūrą ir laikmatį į 30 minučių. Norėdami pašildyti, paspauskite nustatymo ratuką.
Pagardinkite vištieną pipirais ir druska ir sudėkite į kepimo indą.
Vištieną užpilkite citrinos sultimis.
Sumaišykite papriką, citrinų pipirų prieskonius ir česnako miltelius ir pabarstykite ant vištienos.
Ant vištienos uždėkite sviesto griežinėlius.
Kai įrenginys bus įkaitintas, atidarykite dureles, padėkite kepimo indą ant grotelių vidurio ir uždarykite dureles.
Patiekite ir mėgaukitės.

97. Vištienos bulvių kepimas

Porcijos: 4
Virimo laikas: 25 minutės.
Ingridientai:
4 bulvės, supjaustytos kubeliais
1 valgomasis šaukštas česnako, susmulkintas
1,5 šaukšto alyvuogių aliejaus
⅛ arbatinio šaukštelio druskos
⅛ arbatinio šaukštelio pipirų
1,5 svaro vištienos be kaulų be odos
¾ puodelio mocarelos sūrio, susmulkinto
Petražolės, susmulkintos

Nurodymai:
Sudėkite vištieną ir bulves su visais prieskoniais ir aliejumi SearPlate.
Pabarstykite sūriu ant vištienos ir bulvių.
Perkelkite „SearPlate" į „Ninja Foodi" skaitmeninę oro gruzdintuvą ir uždarykite dureles.
Sukdami ratuką pasirinkite režimą „Kepimas".
Paspauskite mygtuką TIME/SLICES ir pakeiskite reikšmę į 25 minutes.
Paspauskite mygtuką TEMP/SHADE ir pakeiskite reikšmę į 375 °F.
Norėdami pradėti gaminti, paspauskite Start/Stop.
Patiekite šiltą.

GRUPĖJIMAI

98. Prancūziškas Tourtiere prieskonis

Ingridientai

99. 1 arbatinis šaukštelis salierų druskos 1/4 arbatinio šaukštelio garstyčių miltelių
100. 1/2 arbatinio šaukštelio maltų juodųjų pipirų
101. 1/2 arbatinio šaukštelio susmulkinto pikantiško
102. 1/2 arbatinio šaukštelio maltų gvazdikėlių
103. 1/2 arbatinio šaukštelio malto cinamono
104. 1/2 arbatinio šaukštelio maltų čiobrelių
105. 1/4 arbatinio šaukštelio malto šalavijo

Kryptys

1. Paimkite dubenį ir išsijokite arba sumaišykite tolygiai: garstyčių miltelius, salierų druską, šalavijus, pipirus, čiobrelius, pikantiškus prieskonius, cinamoną ir gvazdikėlius.
2. Paimkite sandarų indą ir laikykite sausą mišinį, kad galėtumėte toliau naudoti.

99. Karibų karis

Ingridientai

106. 1/4 C. nesmulkintų kalendrų sėklų
107. 5 valgomieji šaukštai maltos ciberžolės
108. 2 valgomieji šaukštai nesmulkintų kmynų sėklų
109. 2 valgomieji šaukštai nesmulkintų garstyčių sėklų
110. 2 valgomieji šaukštai nesmulkintų anyžių sėklų
111. 1 valgomasis šaukštas nesmulkintų ožragės sėklų
112. 1 valgomasis šaukštas nesmulkintų kvapiųjų pipirų uogų

Kryptys

1. Keptuvėje sumaišykite kalendros sėklas, kmynų sėklas, garstyčių sėklas, anyžių sėklas, ožragės sėklas ir kvapiųjų pipirų uogas.
2. Skrudinkite ant vidutinės ugnies, kol prieskonių spalva šiek tiek patamsės, o prieskoniai bus labai kvapnūs, apie 10 minučių. Išimkite prieskonius iš keptuvės ir leiskite jiems atvėsti iki kambario temperatūros. Prieskonius sutrinkite su ciberžole prieskonių trintuve. Laikyti hermetiškame inde kambario temperatūroje.
3. Kepkite karštą be aliejaus, 11 minučių paskrudinkite: kvapiųjų pipirų uogas, kalendros sėklas, ožragės sėklas, kmynų sėklas, anyžių sėklas ir garstyčių sėklas.
4. Paimkite grūstuvę ir visus paskrudintus prieskonius taip pat sumalkite su ciberžole.
5. Viską sudėkite į saugojimo konteinerius.

100. Cajun prieskonių mišinys

Ingridientai

87. 2 arbatinius šaukštelius druskos
88. 2 arbatinius šaukštelius česnako miltelių
89. 2 1/2 arbatinio šaukštelio paprikos
90. 1 arbatinis šaukštelis maltų juodųjų pipirų
91. 1 arbatinis šaukštelis svogūnų miltelių
92. 1 arbatinis šaukštelis kajeno pipirų 1 1/4 arbatinio šaukštelio džiovinto raudonėlio Nurodymai
93. 1 1/4 arbatinio šaukštelio džiovintų čiobrelių
94. 1/2 arbatinio šaukštelio raudonųjų pipirų dribsnių (nebūtina)

Kryptys

1. Paimkite dubenį, tolygiai sumaišykite arba persijokite: raudonųjų pipirų dribsnius, druską, čiobrelius, česnako miltelius, raudonėlį, papriką, kajeną, svogūnų miltelius ir juoduosius pipirus.
2. Įsigykite gerą hermetišką indą ir laikykite mišinį.

IŠVADA

Kepta vištiena yra patiekalas, kuris išlaikė laiko išbandymą ir išlieka daugelio mėgstamas. Jo traškus išorė ir sultingas vidus daro jį patogiu maistu, kurį mėgsta įvairaus amžiaus ir išsilavinimo žmonės. Nors tai nėra pats sveikiausias patiekalas, tai yra patiekalas, kuris suartina žmones ir sukelia šilumos bei laimės jausmą. Nesvarbu, ar gaminate ją namuose, ar mėgaujatės restorane, kepta vištiena yra tikra klasika, kuri išliks mėgstamas patiekalas ateinančioms kartoms.

www.ingramcontent.com/pod-product-compliance
Lightning Source LLC
LaVergne TN
LVHW021706060526
838200LV00050B/2536